産経NF文庫
ノンフィクション

台湾に水の奇跡を呼んだ男
鳥居信平

平野久美子

潮書房光人新社

前言

水の優しい心情

国立屏東科技大学土木工程系教授　丁　澈士

台湾南部屏東《へいとう》県の、石彫り飾りのついた来義《らいぎ》大橋に立てば、耳に聞こえてくるのは涼しげな水の音。目の前に広がるのは山と川の水が互いに重なり合う悠然とした姿である。

静かな山水の中に見え隠れしながら、セメントの構造物がじっと横たわっている。どれほど強風や豪雨が荒れ狂っても世の中が移り変わっても、この、あるかないかの構造物は在り続けている。

それこそが、緑色の大地の下に隠れた「二峰圳《にほうしゆう》」の地下堰堤だ。

河畔の進水塔の鉄の扉を開けるとごうごうと水音が耳をつんざき、涼しげな水の力が小さい塔の中に満ちている。綾模様のついた鉄板の床の開口部は、まさに時空を超えて、地底に進入する探検旅行へと誘っているようだ。

人類の智慧《ちえ》がつくりだした偉大な建造物は、そのほとんどが自然への畏敬《いけい》と反省を秘めている。エジプトのピラミッド、英国のストーンヘンジ、中国の万里の長城などは、大自然に関する、彼らの帝国に関する、遠い昔の伝説に関する傑作である。

エジプトのピラミッドは、黄金分割のみごとな法則をアピールするだけではなく、底部は東西南北を指している。英国のストーンヘンジの巨石群の中に立てば、夏至《げし》当日の太陽が昇る方角を知ることができる。中国の万里の長城は、たくみに自然資源を利用して建設されたばかりか、地理的には正確に農牧の北限境界を示している。

日本の俊才・鳥居信平《とりいのぶへい》が設計した二峰圳は、こうした世界の〝智慧〟と同じように、たくみに自然の資源を利用し、正確な測量とプランニングで地下に導水路を設け、南台湾の人々に無限の水資源を提供した。

＊

千万年来、人類の歴史は水と密接で不可分な関係にある。水は船を浮かばせることもできるが、船を転覆させることもできる。近代科学技術工業の発達によって、人類は水源地と遠く離れても、水を手に入れることができるようになった。長い歴史の中で、私たちは絶えず、繰り返し、氾濫と洪水の災害に悩まされてきた。しかし三十年以上前に二峰圳の素晴らしさを知ってから、私は「水の優しい心情」を知り、水の力を上手に利用すれば、人類は幸福な生活を得ることができると確信した。一九八五年、私は国費でオランダに留学して地下水補充注入の研究に従事した。もともと台湾沿岸地域に起きている地層の陥没問題を解決することで、愛するふるさとに貢献しようと考えていたからだ。

そこでも、地下水層資源を利用した二峰圳は私の研究分野に入った。一九八六年、屏東農業学校（現在の国立屏東科技大学）で、水利資源開発利用の教学研究を主催した。そのとき、学生時代から研究してきた二峰圳も教材にして、多数の学生を引率して屏東平原の下にある秘密を探索した。一九九七年、博士学位を取得してオランダから帰国したころは、台湾の本土化思想が盛り上がっていた。台湾各地で民衆が、自分たちの生まれた土地の風景や歴史、環境などに対する調査と見直しを進め、自分たちのアイデンティティーをしっかりと認識できるふるさとの構築を目指していた。

私が屏東県へ帰ったとき、当時の曹啓鴻《そうけいこう》県議員の要請で、「屏東平原の地下水資源の開発利用」をテーマに講演をした。水問題を広くあつかう「緑色東港渓保育協会」

が、曹啓鴻氏ら有識者の努力で成立したところだった。以来、我々は一緒に水資源に関心を注ぎ込んできた。

そのころは、高雄県美濃《みのう》に建設計画が持ち上がったダムの反対運動の真っ最中で、当時はだれもが、いかにこのダムの代替案を探せるかと思案していた。それが二峰圳の研究を切り拓くもうひとつの推進力となった。あのとき私が発見したのは、二峰圳の構造は地下貯水と水質浄化の機能を備えているだけでなく、環境と水利開発を考えた生態工法と符合しており、その生態系バランスを考えた設計は実に先進的だということだった。

鳥居信平の設計は適地適作を考慮したものである。台湾河川の短小急流、地面水保留の難しさ、水質混濁などといった欠点を避けるとともに、地下水層の浄化水質をうまく使い、住民に灌漑《かんがい》用水と飲料水を提供している。

二峰圳は来義郷の住民たちを水不足にせず、下流の農民たちの田畑を灌漑して豊作をもたらし、飲料水として山泉の美味を運んでのどを潤してくれる。水の特性を認識してこそ水源を上手に活用できるのであり、水の長所を極限まで発揮させることができる。二峰圳は私に、「水の優しい心情」を知ってこそ、人間と環境のよきバランスが保てることを教えてくれた。

曹啓鴻氏が屏東県の県長に選出された後も、民間で発案した地下水補充注入方案を推進して、屏東県民に生態永続のロハスな環境を与え、大地に水源永続の生気を還している。

＊

三十数年来、私は二峰圳の研究に従事してきたが、いままで出版物を残すことをしてこなかった。今回、鳥居信平と二峰圳に関する平野久美子さんの原稿を拝見して、汗顔の思いにかられている。この本が、日本初の環境型地下ダム二峰圳と水利技師・鳥居信平に関心を寄せる方々に、最高の贈り物となることを期待している。

さらに期待をするのは、この本の出版によって、屏東県の住民ならびに台湾の住民、日本の住民、全世界の住民が、生態のバランスと環境と万物に対する尊敬の念を取り戻してくれることだ。そして、かけがえのない地球が、私たちの子孫に清潔で安全で幸せな住環境を永続的に与えてくれることを祈ってやまない。

二〇二〇年二月

台湾に水の奇跡を呼んだ男 鳥居信平——目次

前言　水の優しい心情　国立屏東科技大学土木工程系教授　丁澈士　3

序章　水の絆の旅へ

水の異変　18
不便なところに行くんだね　22
日本人が知らぬ日本人　25

第一章　水土の記憶

ある研究者との出会い　32
荒ぶる大地　40
地元を潤す清らかな水　43
ＬＯＨＡＳ《ロハス》な地下ダム　50
鳥居信平の子息　57
父の名は「ノブヘイ」　62

第二章　実践躬行

裕福な農家の三男坊――66
信平の生誕地、袋井市――68
恩師上野博士の教え――73
実践躬行のリーダーたち――77
台湾糖業の夜明け――82
信平、南へ下る――91
水源を求めた開拓民――97
荒蕪地をまかされて――100

第三章　自然と折り合う智慧

寝ずに描いた設計図――108
原住民の懐に飛び込んで――112
自然と折り合う地下堰――118
近代科学に触れた原住民――123

恋も生まれた工事現場 ―― 134
ふたつの農場を開墾 ―― 138
日本農学賞を受賞 ―― 145
地道な調査とひらめき ―― 150
嘉南大圳より早い輪作導入 ―― 154
米とサトウキビのせめぎあい ―― 159
信平を突き動かしたものは？ ―― 162

第四章　父と子の台湾

「ふるさと」屏東での暮らし ―― 170
味覚に残る幼年時代 ―― 174
ダンディーだった素顔の信平 ―― 178
戦争の足音とともに ―― 185
死ぬまで仕事人間 ―― 189
父と子のメビウスの輪 ―― 195

第五章　〝水の惑星〟のために

水は農民の命、台湾の命――204
台湾からの供花――211
日本初の地下ダムだった――215
新たなる始まり――221

終　章　南の果てのときめき

複雑な歴史と愛郷心――230
市民が生んだワンダー・ランド――233
ときめきを未来へ――238

あとがき　243
鳥居信平関連年表　248
主な参考書籍・資料一覧　258
資料提供・取材協力　258

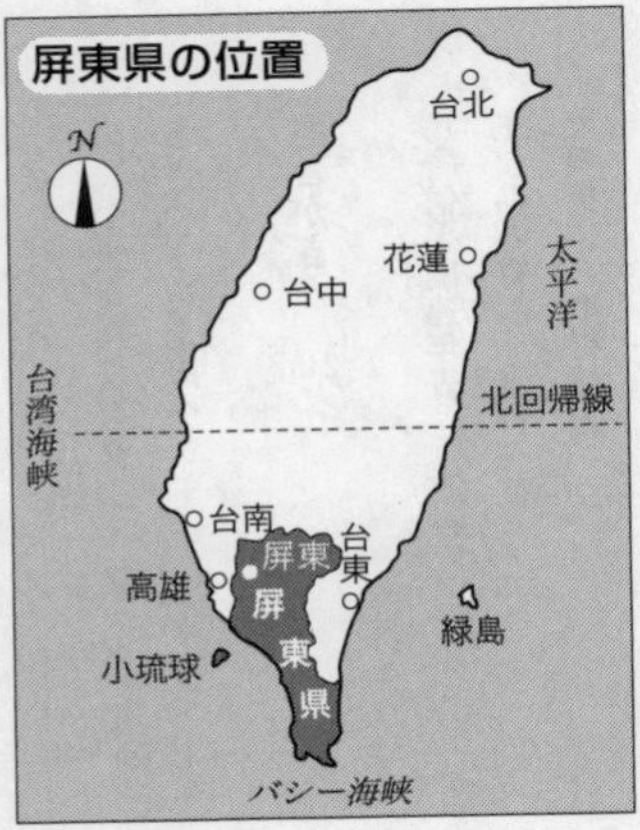

屏東県の位置
N
台北
花蓮
太平洋
台中
台湾海峡
北回帰線
台南
台東
屏東
高雄
屏東県
緑島
小琉球
バシー海峡

本文関連地図（屏東県）
高速道路
10
3
1
橋頭
左営
屏東空港
屏東市
三地門
原住民族文化圏区
瑪家
屏東
麟洛
高屏大橋
帰来
高屏渓
西子湾
高雄市
鳳山市
旗津
高雄国際空港
萬隆農場
潮州
大武山自然保護区
北大武山
南大武山
二峰圳
来義
万隆
林辺渓
東港
大鵬湾
力里渓水圳
力里渓
林辺
佳冬
大响営農場
春日郷
台東県
小琉球

台湾に水の奇跡を呼んだ男　鳥居信平

序章

水の絆の旅へ

水の異変

私たちは日頃「自然」という言葉をなにげなく使っているが、はたしてこの地球上に太古のままの自然はどれくらい残っているのだろうか？

アマゾン流域や熱帯アジアの密林、チベットの山々、南極の氷原などに、人間の手がまったく入っていないと言えるのだろうか？

残念ながら、手つかずの自然はごくわずかで、地球の風景は大きく変わってしまった。アフリカの野生の王国もオーストラリアのグレート・バリアリーフや沖縄県のサンゴ礁も、ニュージーランドやカナダの森林や湿原なども、これ以上自然が壊れないよう人間が注意深くコントロールしている。本来は対立するはずの自然とテクノロジーをうまく共生させないと、多様な生物が生き残ることができないし、私たちに感動を与えてくれる極上の自然は保てない。それが地球の現実である。

いま、私たちが注意深くコントロールしないと枯れてしまう資源のひとつに「水」がある。二〇二五年には、世界人口の半分以上が水不足に直面するという専門機関からの指摘があるように、危機は目の前に迫っているのだ。

みなさんご存じのように、〝水の惑星〟といわれる地球にはおよそ十四億立方キロメートルの水が存在する。しかし、そのうちの約九十七・五パーセントは海水だ。淡水はわずか二・五パーセントほどにすぎない。しかも、私たちが比較的使いやすい川や湖の淡水となると、全体の〇・〇一パーセントにも満たない心細さである。

それほど貴重な水資源なのに、年々急速に進む地球の温暖化が干ばつと洪水を呼び、各地の湖や川に深刻な影響を与えている。アフリカの中央部にあるチャド湖は、世界六番目の大きさを誇っていたのに、五十年ほど前から湖水が減り、一九六〇年代に比べると湖の面積は十五分の一に減ってしまった。トルコ南部のアクシェヒル湖は、干ばつと無計画な灌漑がたたって小さくしぼみ、湿地のようになってしまった。インドでは、井戸から水を汲みあげすぎて、各地で地下水層が下がってしまっている。

その一方、一部の富める国が水を商品化し世界市場を独占している。水が足りずに輸入しなくてはならない国が増え、水資源をめぐる深刻な争いが世界各地で起きているのだ。一九七七年、アルゼンチンのマル・デル・プラタで初めて開かれた国連主催の水会議（*UN Conference on Water*）では、「水は公共財」という共同宣言が採択されたはずなのに……。

地球上で同時多発的に起きている水の枯渇は、大量生産と大量消費を繰り返してきた産業構造と爆発的な人口増加、そして気候変動が原因だ。それによって雨水の循環のバランスがすっかり崩れてしまったのである。私たちはいま、これまでのライフスタイルを緊急に見直す時期にきている。

こうした地球規模の環境異変が、これからお話しする戦前の日本人技師、鳥居信平（一八八三〜一九四六）をよみがえらせたと言っても過言ではない。彼が約百年前に、台湾の屏東県の山の中に造った二峰圳は、地下に埋まっている上に、日本統治時代（一八九五〜一九四五）の民間会社の灌漑設備だったため、長い間研究者にも知られていなかった。

最近、台湾で注目を集めているのは、その工法が電力をまったく使わず、水の性質や地形をうまく利用し、環境に優しい生態工法に通じているからにほかならない。二峰圳は、現在も二十万を超える南台湾の人々に灌漑用水と飲料水を提供し続けている。

上：人間により改造がされていない川は、生命力があふれている
下：地球の温暖化によって、氷河の後退速度が速まっている

不便なところに行くんだね

読者のみなさんを水の絆の旅へご案内する前に、舞台となる台湾の屏東県について説明をしておこう。

サツマイモのような形をした島国台湾の、最南端に位置しているのが屏東県だ。南部へ下ってこそほんとうの台湾に出会える、という言葉を実感できるこの県は、人情の濃さでも台湾随一。訪れる者をつつみこむ笑顔と総天然色の風景によって、日差しの明るさがいっそうきわだっている。

地形を眺めると、屏東県は三つの特徴ある地域に分かれている。東側にあたる中央山脈の高山区、西側の屏東平原、南の突端にあたる恒春《こうしゅん》半島だ。パイワン、ルカイ、ブヌン、アミ、タイヤル、平埔《へいほ》（註・山から下りてきて平地で順応した原住民）、福佬《ホーロー》（註・福建省南部の泉州、漳州から渡来した人々。閩南《びんなん》人ともいう）、客家《ハッカ》（註・主に広東省東部から渡来した人々）など、異なった民族の末裔《まつえい》がともに暮らし、総人口約八十三万のうち約七パーセントが原住民だ。

二〇一八年度の統計によると、第三次産業の就業人口が多く、農林水産業の人口は年々減っている。

南部の大都市高雄から屏東県の県庁所在地である屏東市までは、高速道路を使えば約二十分、電車なら約三十分の距離だ。台北から来る場合は約二時間半。高鉄（註・台湾高速鉄道。いわゆる台湾新幹線）の左営《さえい》駅からローカル線へ乗り継げばよい。たいした移動時間ではないのに北回帰線を越えて南下してくると、光のきらめきも風の匂いも椰子《やし》の姿もたわわに果実をつける樹木も、何もかもがトロピカルな色香に充ち満ちて、北部とはまったく違う台湾の素顔が現れる。

二〇〇七年四月、私はその屏東県政府から招聘《しょうへい》を受けて、約一か月間滞在する機会を得た。すでに何度か屏東県を訪れているものの、一か月も一般家庭に泊まって地元の生活を体験するのは初めてのことだった。

このわくわくする旅について台北の友人（断っておくが日本人ではない、台湾人の知り合い）らに知らせると、誰もが口々にこう言った

「屏東《ヒントン》？　不便なところに行くんだね」

「そうとう遠いよ、大丈夫なの？」

トロピカル・リゾートの墾丁《クンティン》国家公園以外、屏東県を知らない（であろう）友人たちは「不便」と「遠い」を連発した。

たまたま私は、屏東県に出発する直前まで、文部科学省の所轄財団のひとつから要請を受けて、二週間ほどイギリスで国際交流のボランティアを引き受けていた。田舎

暮らしをした滞在先は南イングランドの、ジュラシック・コーストにほど近い小さな町。ロンドンから高速道路を使っても列車を乗り継いでも、ゆうに三時間はかかるというのに、ロンドンの友人たちは誰ひとり「遠い」、「不便」とは言わなかった。代わりに彼らは「Amazing《アメイジング》!」（素晴らしいじゃない！）と、私のことをうらやましがった。

この町に集まった世界各国の青少年に日本文化を紹介しながら過ごす間、野性味あふれるヒースの丘や手入れの行き届いた森や小川や湖のほとりなど、自然派詩人ワーズワース（一七七〇〜一八五〇）が描いたとおりの「調和のとれた田園」を毎日散策した。

英国人は、十八〜十九世紀に起こった産業革命を享受しながらも、失った自然の大切さに気づいて、長い時間をかけ、注意深く山河や田園を復元してきた。全国規模の環境保護団体が、ありふれて見える風景や遺跡にも寄付金を集め、周囲の土地をぐるっと買い占めて商業的な開発を阻止し、市民の力で保存している。英国政府が、どの国よりも早く地球温暖化対策のリーダーシップをとれたのは、環境保護に対する国民意識の高さが外交の推進力になっているからだろう。

かけがえのない〝水の惑星〟をどのように守っていくかが問われている時代、英国での見聞は私に多くのことを教え、環境教育に熱心で海も山も総天然色の屏東県を理解するうえの手助けになった。滞在中に出会った屏東県の人々は、ふるさとの伝統や風土を愛し、ゆったりした時の流れの中で生きていた。

日本人が知らぬ日本人

屏東市に到着した翌日、私は文化処長に連れられて県長を表敬訪問した。日本同様に、台湾の地方庁舎はどこも立派である。石造りのいかめしい庁舎に入ると、内部は薄暗くひんやりしていた。天井までの高さが十メートル近くあり、会見室もだだっ広い。しばらくすると、浅黒くひきしまって彫りの深い顔立ちの男性が現れた。見るからに謙虚で有能な行政マンの雰囲気がある。それが当時の曹啓鴻県長だった。型どおり名刺交換をしてあいさつをすませると、いきなり彼はメモ用紙に「鳥居信平」の四文字を書いてこう尋ねた。

「あなたはこの日本人を知っていますか？」

「…………？」

鳥居という姓を見て思い浮かんだのは、明治中期から昭和二十年代まで台湾、シベリア、満州、蒙古などの先住民族の村々を訪ね歩き、貴重なフィールドワークを遺した民俗学者の鳥居龍蔵《とりいりゅうぞう》（一八七〇〜一九五三）だ。彼なら原住民が多く住む屏東県に

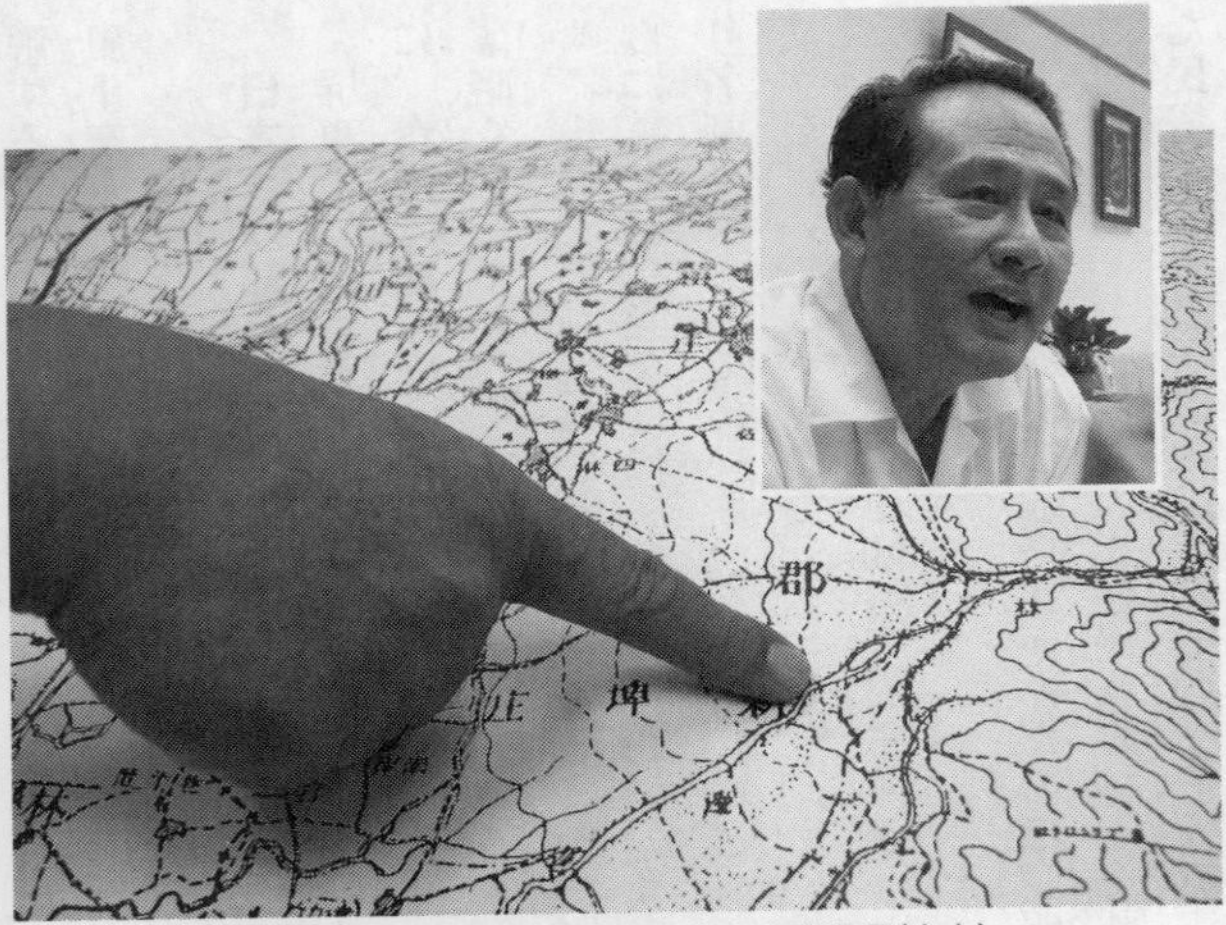

「この付近が二峰圳」と地図を指さす曹県長（右上）

も足跡を残している。その親族のひとりなのだろうか？　いや、どうもそうではないらしい。

「いつ頃の人でしょうか？」

すると、県長はソファから上体を乗り出して熱心に説明を始めた。

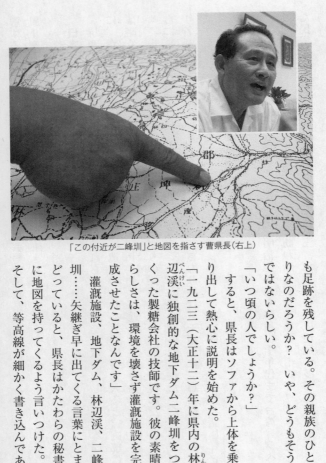

「一九二三（大正十二）年に県内の林《りん》辺渓《ぺんけい》に独創的な地下ダム二峰圳をつくった製糖会社の技師です。彼の素晴らしさは、環境を壊さず灌漑施設を完成させたことなんです」

灌漑施設、地下ダム、林辺渓、二峰圳……矢継ぎ早に出てくる言葉にとまどっていると、県長はかたわらの秘書に地図を持ってくるよう言いつけた。そして、等高線が細かく書き込んである精密な地図を広げて、ある地点を指でおさえた。

「屏東平原は台湾でも最も地下水が豊富な地域です。鳥居は伏流水《ふくりゅうすい》（註・河川や湖沼から入り込んで地下を流れる水）の性質を利用して、林辺渓のこのあたりに灌漑施設を造りました。生態系に配慮した彼の工法は、実に現代的です」

環境教育に熱心に取り組んでいる屏東県だけあって、県内の中学校では副教材の中で鳥居信平の功績を紹介し、生徒たちに二峰圳の工法や飲水思源の心を教えているという。

私は県長の説明を聞きながら、戦前の日本教育を受け、現在も日本語を母語同様に話す七十五歳以上の台湾のお年寄りの口癖を思い出した。「戦前の日本人は、ほんとうによくやってくれた！」という、あの感嘆文である。

〝多桑〟（註・トオサン。日本語の父さんから転化した台湾語）とも〝日本語族〟とも呼ばれる彼らは、こうも言った。

「お役人ばかりではありません、名もない民間人が、台湾のために献身的な働きをしましたよ」

その言葉どおり、水利技師の鳥居信平は一介の民間人である。見方によっては大日本帝国と手をたずさえて殖産事業を推進した製糖会社の社員だ。しかし県長の説明にネガティヴな解釈はみじんもない。それどころか、鳥居信平の献身的な働きが地下ダム二峰圳を生み、いまも多くの住民がその恩恵を受けていると積極的に顕彰《けんしょう》している。

これはどういうことなのだろう? 日本統治時代に台湾人は「本島人《ほんとうじん》」と呼ばれ、二等国民の扱いを受けてきた。植民地の常とはいえ、教育から就職、賃金、人権までさまざまの差別があり、語り尽くせぬ苦労をしてきたはずだ。それでも「日本人はよくやってくれた」と、彼らに言わせる何かを、戦前の日本人は持っていたのだろうか? だとすればそれは一体何だろう?

そもそも日本人の知らぬこの日本人は何者だろう? 八十数年前の優れた技法が、現在の地球環境と水の問題にどのようにかかわっているのだろうか? しだいに疑問と好奇心がわいてきた私は、二峰圳をこの目で見たいと強く思った。

「台湾のことをもっと深く識《し》りたいなら、水のことを勉強するといい」と教示してくださったのは、台南の著名な実業家許文龍《きょぶんりゅう》さん。鳥居信平の足跡を訪ねる旅に出る前に、許さんの言葉を胸にしっかりと刻んだ。

大正時代の初めに、ひとりの技師が水源を求めて試行錯誤をしながら山へ分け入ったように、水の奇跡を求めて私の旅は始まった。

＊

さて、鳥居信平の功績を追い求めた旅をお読み頂くにあたり、第一章から第四章までは、私が手探りで始めた頃に戻っていただきたい（本文中に記す登場人物の年齢、および年号は、二〇〇八年度を基準にしてある）。

あれから早いもので十二年が経過し、林辺渓の地下に横たわる堰堤は、台風や水害に襲われるたびにその姿を変えてきた。また、地下ダムが設置されている林辺渓と力里渓の環境保全のために、さまざまな整備がなされた。そうした変化は本文中に注釈をつけてご紹介をした。

鳥居信平が一九二三（大正十二）年に完成させた地下ダム『二峰圳』は、二〇二三（令和五）年に竣工百年目を迎える。遙かなる時空を超えて満々たる伏流水を湛《たた》え、台湾南部の農業に大きな貢献をしているサステナブルな水利施設は、台湾と日本をつないでくれる大切な土木遺産である。

第一章 水土の記憶

ある研究者との出会い

二〇〇七年の中秋節の真っただ中に、私は屏東市にもどってきた。鳥居信平の名前を初めて聞いてからほぼ半年がたっていた。

屏東市の人口は約二十万人（二〇〇八年度。二〇一九年度もほとんど変わらない）。ただでさえのんびりしている街は、連休のせいでまったく休眠状態だ。街も人々も動物たちもみんなまどろんでいた。屏東の駅前に降り立つと、九月とは思えぬほど強い日光があたりを支配し、湿潤な熱風が線香と土埃の匂いを運んできた。中心街には高層ビルがひとつも建っていないので空が高く、トックリ椰子の葉陰が道路にくっきりと黒い模様を刻んでいる。暑い。

屏東はもともと、平埔族の地名「Akauw」（アカウ）の発音に漢字をあてて「阿《あ》猴《こう》」と呼ばれていた。市内の屏東公園には、一八三六（道光十六）年に建てられた阿猴城の朝陽門が残っていることからもわかるように、清代にはすでに砦の様相をそなえていた。しかし、日本統治時代に入ると、高雄州との境界にそびえる半屏山《はんぺい》の東に位置することから一九二〇（大正九）年に「屏東」という名に変更され、一九三三年の市制改正のとき、市に昇格した。

また一九二〇年には、東洋一の規模を誇る製糖会社『台湾製糖』が、工場のあった阿猴に高雄付近の橋仔頭《きょうしとう》から本社を移転してきたので、南部の農作物の出荷拠点としてますます発展した。総督府の資料によると、一九二五年当時の屏東の人口は約二万五千人。そのうち内地人（註・日本統治時代は日本人をこう呼んだ）は三千三十人とある。さらに、台湾軍に属した陸軍第八飛行連隊が警察の偵察機専用だった飛行場を使用するようになると、軍の関係者がさらに集まり、南部を代表する街へと成長していく。

大正の末期から昭和初期にかけてのにぎわいを知る湾生（統治時代の台湾で生まれた日本人）たちによれば、屏東駅は白いペンキで塗られたモダンな木造建てで、駅前から市街に通じる道路が延びていた。目抜き通りの右手には屏東市場、左手には極彩色の「媽祖廟《まそびょう》」がそびえ、駅の反対側にある万年橋を渡って田園地帯へ分け入ると、『台湾製糖』の本社と工場の広大な敷地が広がっていた。

毎年十月から翌年の旧正月頃までの製糖シーズンになると、サトウキビを満載した機関車が工場と畑の間を往復する。その頃になると、内地人、本島人の子供も、線路脇の草むらに隠れては機関車の通過を待ち、列車が来ると飛び出してサトウキビを引き抜き、茎にかぶりついて甘い汁を吸った。サトウキビをいっぱいに積んだ台車は、それほどゆっくりのんびり走っていたのだ。

工場へ運ばれたサトウキビは、当時最新鋭の三百馬力のシュレッダー（裁断機）が粉々にして、圧搾機《あっさくき》が汁をしぼり出した。その汁を煮つめ、濾過《ろか》し、結晶分離、乾燥させて粗糖にする。約半年も続く製糖作業の間、工場の煙突からはしぼりカスのサトウキビを燃やす黒い煙が上がり、洗濯物を戸外に干すと、うっすらとチリがついた。製糖工場からは、えもいわれぬ濃厚な匂いが周囲に流れ出していく……。

「阿丁《アテイン》！　ここよ、ここ！」

日台交流のお役に立てば、と同行してくれた頼玲玲《らいれいれい》さんの声が駅前広場に響きわたる。送迎の群衆の中に、にこやかに手を振る男性が見える。鳥居信平の工法を研究している国立屏東科技大学土木工程系の丁澈士《ていてつし》教授（53）だった。頼さんと丁教授は、実は大学時代の同窓生だ。学生時代に戻ったかのようなふたりは、楽しげに言葉を交

阿猴と呼ばれた頃に建設された『台湾製糖』屏東製糖所

わしている。

「ようこそ屏東へ！　昼食はまだでしょう？　すぐそこに行きつけの店があるからご案内します」

丁教授は人の好い笑顔を浮かべながら誘ってくれた。いつも河川を歩きまわっているというだけあって赤銅色《しゃくどういろ》に日焼けし、それがまた白いポロシャツによく似合っている。水利学の権威であり、高雄県や屏東県の水利行政の顧問を務めていると聞いていたので、どんないかめしい学者かと思っていたら、漫画や小説の主人公として知られる「ムーミン」みたいな体形の好人物だった。

彼は、愛車の「ホンダ・シビック」のトランクルームに置いてある資料の山やパネルをかきわけて、かいがいしく荷物を載せてくれる。バスや電車などの公共交通が未整備の屏東では、オートバイと自家用車に頼るしか方法がない。

私たちは目抜き通りを少し走って、小さな食堂へ入り遅めの昼食をとった。山菜の一種である山蘇《タニワタリ》と小魚の炒め物、名物の高原キャベツの炒め物、細切り肉とシイタケと卵の入ったスープなどをいただきながら、私は丁教授の話に耳を傾ける。

「台湾で地下水が枯れたり地盤が沈下したりして、深刻な問題となったのは一九八〇年代に入ってからです」

台湾の行政院経済部（註・日本の経済産業省にあたる）水利署によると、一九九四年に七十一億トンもあった地下水量が、二〇〇三年には五十五億トンにまで減少した。もし、このまま地下水を使い続けると、二十年後には工業団地も養魚場も、水不足のために立ちゆかなくなるという試算まで出ている。一九七〇年代後半から魚の養殖場が急増し、涵養量《かんようりょう》をはるかに超えた大量の水を地下から採ったために、海水の水位が地下水層より高くなって、塩害や地盤沈下が続出している。水利署のデータによれば、この二十年間に、台湾の地盤沈下面積は二千六百平方キロメートル以上におよび、特に西部の雲林県と屏東県の被害が深刻だ。屏東県の沿岸地方にある佳冬《かとう》郷では、三メートルも地面が下がってしまって、多くの建物が傾いてしまった。一九七〇年代か

下陷最快地區——彰化

1980年的下陷中心在鹿港附近，之後漸往南移，1997年大城及西港成爲下陷中心。1989~1995年王功觀測井的數據，以76~82公尺地層的水位最深可達地面下12公尺深，顯示76~82公尺可能是主要抽水層之一。

彰化縣農業局網站上簡介：「本縣西臨台灣海峽，自大肚溪出海口以南至濁水溪口以北之海域，海岸線長達60公里。漁業生產量以養殖漁業爲主，養殖面積

上：台湾西南部では、80 年代から地盤沈下の被害が続出した
下：台湾西南部の地盤沈下を話題にする出版物（『台湾的地下水』）

らウナギやブラックタイガー、エビの養殖がさかんになり、電動ポンプで大量の地下水を汲みあげてしまったのである。

中には、二階建てなのに平屋の高さにへこんでしまった小学校や、二階の窓から出入りしなくては暮らせない民家も出現。それをまたわざわざ見にくる野次馬とも観光客ともつかぬ人々で、一時はにぎわっていた。

中部の南投《なんとう》県をはじめいくつかの県では、山林がいつのまにか現金収入のよい茶畑やタケノコのための竹林、ビンロウの実を採る椰子畑にとって変わった。また、リゾート開発が進んで山奥まで道路が通じて観光施設が乱立したため、水、土、緑のバランスが崩れ、土石流の原因になっている。土石流が起きればダムには膨大な土砂が溜まり、河川は氾濫し、生態系は壊れていく。どれも、人間の欲望が呼び込んだ典型的な災害である。やっかいなことに、こうした人災をもとに戻すことはとても難しく、回復には長い時間がかかってしまう。

台湾の現状が私たち日本人にとって他人事《ひとごと》で済まないのは、西南部の養殖場で獲れるエビやウナギや中部の高山地帯で採れる烏龍《ウーロン》茶のほとんどが、日本へ輸出されているという事実である。さらに言えば、私たち日本人の食卓に登場する食品の多くは、水資源が日本よりも乏しいか、またはこれから水不足が深刻になると危惧されている国々で生産されている。経済がグローバル化している現在、自分たちの生活が、他国の環境問題を引き起こしかねない。私たちはそのことを忘れてはならない。

丁教授は、国立屏東科技大学を卒業すると、一九八一年に高雄港湾局にエンジニアとして就職した。その後一九八五年から水利学の本場オランダに留学。さらに一九九〇年から博士号取得のために再度留学し、帰国後は母校の大学で教えながら台湾の水利研究にも努めてきた。二〇〇五年からは土木工程系の教授に就任、地域の環境問題にも熱心に取り組んでいる。台湾各地の地盤沈下や環境破壊をまのあたりにして、誰よりも早く二峰圳の生態工法に注目し、この智慧を活かすべきだと説いてまわったのも丁教授だった。

「こんな身近に、素晴らしい手本があるとは思いもしませんでした。二峰圳には僕たちが学ぶ点がいくつもあるんですよ」

彼は先ほどからスープがさめてしまうことも気にせずに、話し続けている。

「この十年間、新聞やテレビなどのメディアを通じて、一般の人たちに鳥居信平の功績を知ってもらおうと努力してきました。ようやく中央政府の認識も高まってきたところです」

地形の高低差や水の性質をうまく利用して、環境の負荷を小さくおさえる持続可能な工法を選んだ鳥居信平の発想は、巨大ダムが社会的、環境的にも時代遅れになってきたいまこそ、手本にすべきであり再評価するべきだと彼は強調する。

日本人がまったく知らない日本人の功績を、こんなに熱く語れる台湾人がいるなんて……。その思いの深さに圧倒され、私はいつか箸をボールペンに替えて、メモを取り始めていた。

荒ぶる大地

夜中から明け方にかけて降った激しい雨が嘘のように、きらきらした陽光が窓の外にあふれていた。鳥の群れがキャンパスを渡っていく。上空では風がかなり吹いているのだろう。低く広がる薄い雲がせわしなく動き、切れ間から明るい空が見える。

私たちに宿舎を提供してくれた国立屏東科技大学は、広大なキャンパスを誇っている。敷地面積は台湾一の約五百五十四ヘクタール。実験林や実習用の農地や牧場のほか、農業機具展示館や森林植物館、さらには野良犬の収容施設まで整っていて、農業分野から環境学、管理経営、水利土木工学、野生動植物研究など幅広い専門家の育成に努めている。前身は、一九二四年に開校した高雄州立屏東農業補修学校だが、一九二八年に高雄州立屏東農業学校に改称。初代の校長は鳥居《とりい》武男《たけお》という人物だったけれど、鳥居信平とは関係がない。戦後は台湾省立の農業専門学校になり、一九九七年に国立の科技大学に昇格した。

約束の七時半ぴったりに、豆乳とサンドイッチをぶらさげて丁教授がゲストハウスに現れた。私たちの朝食だという。

「僕はもうすませてきたから食べてください。休日くらいは家族と一緒に朝食をとるようにしないとね」

家族と一緒に過ごす時間を朝食だけにしてしまうのは申し訳ないが、超多忙な教授に時間を作ってもらうには、休日に同行をお願いするしかない。

「最初に私の研究室へ行って、資料をお渡ししましょう」

研究棟まで車で数分、森林公園のようなキャンパスを走った。入り口に忠実なガードマンよろしく黒と茶のタイワンイヌがいて、細いシッポをメトロノームのように振りながら歓待してくれた。二階へ上がると、教室を三つほどつなげた土木工程系の実験室があり、プラスチックで作った大きな河川模型が空間を占領している。

「ここに水を流して、川床の様子を見たり水流を計測するのです」

丁教授はまるで鉄道マニアが模型を見せるように、複雑な装置を嬉しそうに説明する。その後、彼の研究室で二峰圳の断面図や導水管の見取り図などを見せられたが、文系の私は頭が混乱するばかりだった。

「ハッハッハ、現場へ案内した方がよさそうだな」

こう言って資料を小脇に抱えると、教授は車のイグニッションキーを手にして小走りに階段を下りた。研究室で助手を務める院生たちが、私にこっそりと言う。

「丁老師は二峰圳のこととなると、もう夢中なんです」

大学の正門を出て、車で五分も走ればビンロウ椰子と果樹園の広がる風景だ。南に伸びる道路を十五分ほどドライブすると、車窓の左手に大武山系《だいぶさんけい》が見えてきた。そそりたつ山の峰が大空にアクセントをつけている。雨上がりの土や樹木の、生臭い匂いが風にのって車内に入ってきた。

道路の両側はいつのまにか緑の海原になった。二〇〇四年から製糖以外の事業にも乗り出し、総合的な農業ビジネスをかかげる国営会社『台糖』が、農地を一般に貸しつけて、バナナやマンゴーを栽培したり建材用のマホガニーやタイワンヒノキを育てている。

「この一帯は、鳥居信平が開墾した萬隆《ばんりゅう》農場だったところです」

「じゃあ、戦前はここでサトウキビが採れたんですか?」

「ええ、数年前までサトウキビ畑でした。ほら、八十数年前の灌漑設備がまだ活躍しているでしょう？」

丁教授が車を減速させると、マンゴー果樹園の地面に灰色の導水管が見えた。

「この広い農地に全部、水がゆきわたっているのですか？」

「そうです、電力はいっさい使っていません」

大正時代に造られた施設が、現在も農地を潤していることをまのあたりにして、私は不思議な高揚感をおぼえた。そこで、車から降りてまっすぐに伸びる一本道に立ってみる。一九一四（大正三）年、初めて鳥居信平が林辺郷に視察に訪れたときは、岩や石が行く手をはばむ赤土の道と格闘しながら、たどりついたはずだ。当時の屏東平原は、人間を寄せつけぬ大きな力がみなぎっていたに違いない。彼は、荒ぶる大地の真ん中で灼熱の太陽にあぶられながら、自分に与えられた使命の重さを噛みしめたのではないだろうか。そんな光景を想像しながら周囲を眺めていると、青年技師の姿が一本道の遠くに陽炎《かげろう》のように現れた気がした。

地元を潤す清らかな水

車はやがて、県の中部に位置する来義郷へと入った。

日本統治時代は高雄州潮州郡《ちょうしゅう》に属していたこの一帯には、パイワン族が多く住んでいる。彼らは、台湾政府が認定する十六の原住民族のひとつで、アミ族、タイヤル族についで三番目に人口が多い。現在は、約七万人が屏東県、高雄県、台東県にまたがって居住し、南部台湾の大武山系を先祖代々の聖地としてあがめている。

遠い昔にマレーやミクロネシア、ポリネシアなどの島から渡ってきた人々の子孫だけあって、彫りの深い容貌と浅黒い肌をしている。パイワン族は木彫やトンボ玉細工など工芸にも長《た》けていて、ビーズや貝殻、鳥の羽根、刺繍などで華やかに飾った祭礼衣装は、中国雲南省の少数民族に負けぬほど美しい。また、ルカイ族が住む三地門《さんちもん》（註・屏東県の東北部に位置する原住民文化地区）や瑪家《まか》郷（註・海抜七百五十メートルの山地。パイワン族のふるさとと呼ばれる居住地）では、伝統の踊りを鑑賞したり、タロイモや小米（粟《あわ》）、山菜などを使った原住民の家庭料理を味わえる。平たい石板を積み上げた伝統的な住宅に泊まれる特別な観光区もある。もし、屏東県を訪れる機会があったら、ぜひ、原住民の文化に触れてほしい。

さて、海抜が三百メートル以上になったせいか、蒸し暑さはとうにやわらぎ、うらうらした陽の光が気持ちよく私たちを照らしている。村へと続く坂道の石堤には、部族のアイデンティティーを表す狩猟や踊りや昔の生活の様子が、絵巻物のようにダイ

地下堰堤で集められた伏流水は濾過されて地上へ。ほの甘く冷たい山の水だ。簡易水道から飲料水を汲める

ナミックに描かれていた。うねうねと続く坂道の一帯は、その昔、若い男女のランデヴーの場所だったそうだ。このあたりで落ち合ってから一緒に山へ入り、協同で作業をしたり愛し合ったりしたという。

目指す喜楽発発吾村《シーローファーファーウー》は、もともと植林予定地だったが、原住民の居住区となった後も長い間荒れ果てていた。村内を流れる二峰圳の水を求めて山から下りてきたパイワン族が少しずつ増え、一九五〇年代に入って熱心に布教活動を行ったあるキリスト教団が教会を建てたことから、村がじょじょに形成された。

車窓の外を眺めると、道路に沿って流れる水路から無数の白っぽいパイプが各戸へ延びている。

「これはいったい何ですか？」

「飲料水ですよ。村の住人が自分の家に引き込んでいるのです」（丁教授）

「こんな好き勝手にやって、問題ないのでしょうか？」

「現在の住民は、地下ダムの工事に参加した人の子孫がほとんどだから、水利権があるのです」

彼らは二峰圳と密接な関係があるため、用水路を自由に使える権利を獲得していて、親から子へと受け継がれている。山で生活をしているときは、わき水のある山奥まで水オケをかついで往き来したり、割った竹をつないで導水管を造り、集落の近くまで水を引いていたというから、飲料の確保にそうとうな苦労があったはずだ。

私たちは、村の中心にある用水路の水門近くで村長を待った。二峰圳から流れてくる水は、さらさらと涼やかな音を立てて周囲の風景と村人の生活に潤いを与えている。

この村出身の薛仁吉《せつじんきち》さんは、二峰圳の水を飲んで育った人だ。台湾の原住民は、日本人同様に自然を崇拝すると聞いていたので、水神信仰があるのかどうかを聞いてみると、

「山に住んでいた昔は水の神様もいたかもしらんが、いまはおりませんねえ」

という素っ気ない返事。先祖が大陸からやってきた人々は、道教の水の神様として

天上聖母の「媽祖《まそ》」や治水に功績のあった皇帝禹《う》を「大禹」としてお祀りする。とりわけ媽祖に対する信仰は厚く、漁民の守り神となっている。各地の水利組合は、いまも「大禹」に豊作を祈願し、地元の平安を祈っている。しかし、原住民の信仰は道教と関係がないから、特別の神様は存在しないらしい。ただし、水はすべてを浄化する特別の作用があると信じられているので、「センレイに使います」と村長は胸を張る。

「センレイって洗礼式のことですか?」

「そうそう、赤ん坊が生まれたときにする儀式です」

なるほど。戦後、原住民に急速に広まったキリスト教が、ここでも彼らの生活に深くかかわっていた。クリスチャンの多いこの村では、赤ん坊が生まれると三日目に〝聖水〟で身体を洗い、粟の穂の先端で耳たぶをちょんちょんと突いて洗礼式をする。

そのときの聖水が、清らかな二峰圳の水というわけだ。

向かいの教会から出てきた村人が、私たちのまわりに集まってきた。日本からわざわざ戦前の用水路を見にきたのだと話すと、何人かが子供時代の思い出を鮮やかに語ってくれる。

「昔はここで水遊びをすると怒られたよ。警官が恐いから近づかなかったな」

厚い胸板がシャツからのぞく七十代の男性が、太い眉根を寄せて言う。

「ああ、恐かったねえ、警官はすぐに殴るからねえ」

もうひとりのお年寄りが大きくうなずく。

「水を汚さない、使いすぎないと、公学校の先生からも教わりました」

子供たちには、水の大切さを戒《いまし》めていたらしい。もちろんいまでも遊泳や釣りやゴミ捨てをすれば厳しく罰せられる。

男性の脇から小柄な老婦人がくりくりと瞳を動かし、小声でうち明ける。

「私ね、この用水路で泳いだことありますよ！」

「あんた、よくもそんなことができたなあ」

と先ほどの男性があきれたように言う。警察官がときどき見まわりをして水源を汚さぬよう監視していたから、よけいに腕白盛りの子供たちにとって、スリル満点の魅力的な遊び場だったのだろう。

「わざとモノを落とすのよ、それを拾うふりしてさ、泳ぐのよ」

アッハッハ……。

一同の笑い声が高くなる。おてんば少女の化身のようなツバメが、用水路の清らかな水面に水しぶきをあげながら飛んでいった。小さな鳥の姿を追う間、数十年前の生活にタイムスリップしたような、のどかな感覚が広がった……と、そのとき、一台の

来義郷を流れる二峰圳からの水は、村人たちの貴重な飲料水

ジープが用水路に横づけになって、ポリタンクを手にした青年がこちらにやってきた。

「丁老師、お久しぶりです！」

偶然にもそれは教授の教え子だった。台北市内からこのシーローファーファーウー村まで水を汲みにきたと話す。言われてみれば、道路脇の木漏れ日の入る水路を、白いしぶきを上げながら清浄な水が勢いよく流れている。

「えーっ、片道六時間くらいかかるのに⁉」

「そうですよ、二峰圳の水は美味しいと有名ですからね」

ところどころに設置してある簡易水道の蛇口をひねり、青年は大きなタンクに水を入れている。この水を飲みつけると、どんなに遠くても汲みにきたくなるらしい。そこで私も水道の蛇口に手のひらをあてがいごくごくと飲んでみた。濾過されて地下を流れゆく水はきりりと冷たい。活力があって柔らかく甘い！　まさに山のわき水の味がした。

LOHAS《ロハス》な地下ダム

来義大橋のたもとで、私たちは車を降りた。パイワン族の石像が橋全体を飾り、ここからは別世界だぞと宣言しているようだ。川原へ下りると、目の前には聖なる大武山系が、川にのしかかるようにそびえている。標高三千メートルを超える山々から霊気が下りてきて、濃厚なフィトンチッドが思わず深呼吸を誘う。聞こえてくる音は、動物の咆吼《ほうこう》に似た川の激しく流れる音だけ……。

林辺渓が〝暴れん坊〟だということは、現場に行くとすぐにわかった。日本の川にくらべると、なんと荒々しい表情をしているのだろう。大小の岩や石が両岸から川になだれこんでいる隙間を、黄土色の濁流が淡いしぶきをあげながら流れていく。水音はすぐに深閑とした森に吸い込まれ、遠くの方からこだまとなって戻ってきて、それがまた目の前の水音と重なり合って響いてくる。

台湾の河川は大甲渓《だいこうけい》、濁水渓《だくすいけい》、曽文渓《そぶんけい》、高屏渓《こうへいけい》、蘭陽渓《らんようけい》、和平渓《わへいけい》という名前からもわかるように、ほとんどが「渓」の字を使う。「河」の字がついているのは、台北市内を流れる淡水《たんすい》河とその支流の基隆《キールン》河、それと東部の宜蘭河くらいではないだろうか。「渓」といえばすぐに山の急流を思い浮かべる日本人からすると、川幅が広くても「川」と呼ばず、蛇行する大河に見えても「河」と言わないのはなぜだろうと思う。

そこで、林業試験所の常座研究員であり、水文《すいもん》学の専門家である林淵霖《りんえんりん》先生にうかがったところ、岩や浅瀬が多く船が航行できぬ河川は、川幅に関係なく「渓」と呼ぶ習慣があると教えてくださった。そう言われれば、車窓から眺める台湾の河川に船が往来するのをほとんど見たことがない。見た目は日本の河川と変わらなくても、川底が浅く傾斜が急で、流れの速い台湾の河川は船の航行に向いていないわけだ。

大武山系から流れ出る林辺渓は、一キロメートルごとに六メートルの落差が生まれるほどの急流で、全長は約四十二キロメートル。林辺の街を通って台湾海峡に注ぎ、その流域面積は約三百四十二平方キロメートルに及ぶ。上流の勾配が急なため、雨期の集中豪雨のおかげで洪水が起きやすく、反対に乾期になると水がすっかり干上がってしまう。そのため川の周辺に住む人々は飲料水はおろか農業用水も確保できず、長い間苦しめられてきた。

丁教授が川の方を指した。

「ほら、あそこに見え隠れしているのが地下ダムですよ」

確かに何かがある。濁流の流れが、ある場所ですーっと平らになるのは、川幅いっぱいに長い堰《せき》が横たわっているからなのか。水流の切れ目からときどき見える堰の上部は、鉄板で補強され、水錆《さび》がついて茶色くなっている。

ここでお断りしておくが、〝地下ダム〟といってもコンクリート製の大型ダムが地中に埋まっているわけではない。地下に堰提を設置し伏流水を堰き止めているから、英語の「Dam」（水を堰き止めるものの意味）にちなんで地下ダムと呼んでいるのだ。堰堤の長さは三百二十七・六メートル。もともと地下に埋まっていたはずの堰がなぜ見えているのだろう？

「八十数年の間に川底が少しずつ削られたので、上部が見えるようになったのです」

丁教授は、用意してきたパネルを取りだし、昔の川幅を示した。

「狭くなってしまったんですね？」

「ええ、僕らが立っているこの地点も昔は川の中でした。それどころか向こうのあの茂みや畑になっているあたりまで川だったのです」

台風による洪水に加え、戦後、川岸の整備や治水工事を繰り返すうちに川の姿がすっかり変わってしまったのである。

上：乾期になると川幅いっぱいに姿を現した地下堰の上部は、2009 年 8 月の大水害で土砂に埋没した。その後土砂が流れたり積もったりを繰り返している
下：1923 年完成当時の進水塔

（註・二〇〇九年八月八日に台湾南部を襲った大水害によって、林辺渓の流域はその形を変えてしまった。二峰圳も一時は堰堤が土砂に埋没してしまったが、その後洪水や土石流があるたびに川底が削られ、堰堤は姿を現したり沈めたりを繰り返している。管理を担当する『台糖』は、そのたびに丁教授らの指導を仰ぎながら、地下堰堤や伏流水を通す地下隧道の手入れを行っている）

「堰き止めた水がどのように流れて下流へ行くか、見てごらんなさい」と言われた私は、川岸に建つ進水塔の、赤い鉄の扉を開けて中に入った。背の低いサイロのような塔は一九二三年に建った当時のままだ。綾模様の鉄板の床に設けられた開口部が、地下の集水廊道につながっている。ここから十メートル下まで、鉄の梯子《はしご》を使えば下りられる。

「梯子も昔のままです。だいぶ傷んで危ないので近々取り替える予定ですけれど」

地下の集水廊道から、ひんやりした風とごうごうという水音が吹き上がってきた。丁教授が大きな懐中電灯をかざしてほの暗い集水廊道を照らした。銀色の光の先に浮かんだのは、目の前の林辺渓の水とは似ても似つかぬ清流だった。

「すっ、すごい！」

　集水廊道の中を、透明な水しぶきをあげてすさまじい水量が流れている。

「地下を流れている水だから、干ばつや豪雨の影響を受けないのです」

　この清流は先ほど見学した村の用水路を通り、さらに導水路を伝わって屏東平原に農業用水として流れていく。

「一日あたり、雨期なら十二万立方メートル、乾期でも約三万立方メートルの供給量を保っています」

「開設当時と水量は変わらないのですか？」

「多少は減りましたけれど、普通のダムと違って底部に土砂が溜まったりしないので、大きな問題はありません」

　堰を設けて地下水を集めているから、どんなに豪雨が降ろうとも水は濁らず、年間を通して安定した水量が確保できる。しかも集めた水が人工涵養《じんこうかんよう》（註・地下水を人為的に強化すること）池の役割をするので、川床に浸み込んでいる川の水を四方から取り込んで大量の澄んだ水を確保する仕組みだ。おまけに電力も要らず維持管理にお金がかからない。これぞＬＯＨＡＳ（註・Lifestyles of Health and Sustainability・地球環境を破壊することなく資源利用をし、健康的なライフスタイルを保つ）志向のダムではないか！　一世紀近くも昔に、周囲の自然環境を破壊することなく水の性質を利用した、持続可能な工法が台湾で実施されていたことに、驚きの念を禁じ得ない。地下堰で集めた水が、先ほどの村の用水路を通ってさらに下流の分水工へ運ばれ、屏東平原を潤していく。地下のパイプラインを流れる清らかな水を追いかけていったら、きっと平原の端までたどりついてしまうのだろう。

鳥居信平が自然とうまく折り合いをつけて造り上げた二峰圳は、残念なことに、総督府が行った公共工事に比べると知名度が低く、現在残されている資料もきわめて少ない。戦前の官尊民卑の風潮からすればしかたないのだろうが、日本と台湾の殖民史研究から、民間のこうした事例がもれてしまうのはもったいない。

ほの暗さに目が慣れると、進水塔内部のきな粉色に変色した壁に、二〇〇七年に二峰圳から分水工までの一帯が風景文化遺産となったことを記した金属の板が貼ってあることに気づいた。

「後世に残そうと、地元と研究者が一体になって政府に働きかけたんです。ようやく第一歩が始まったところですよ」

丁教授はポケットからハンカチを出して、ステンレスのボードをていねいに拭いた。

鳥居信平の子息

話は少し前後するが、屏東県から帰国した二か月後の二〇〇七年六月、私は県政府から渡された電話番号を頼りに鳥居信平のご長男と連絡を取り、挨拶がてら鳥居邸を訪ねた。

東京二十三区のうち、西部に位置するこの一帯は戦前から文化人が好んで住む街として知られ、現在も生け垣に囲まれた一軒家が落ちついた街並みを作っている。新宿からJR中央線に乗ってある駅で降りて、地元商店街を通り抜け、数分歩くと目指す表札が見つかった。玄関前に無造作に置かれた奇岩の数々。これはいったい何だろうか？　和服の小紋に似た細かな模様が入った石、線香花火が広がったような模様が入った岩石、黒曜石に似た輝きを含んだ石など、どれもそのあたりの河原や山の石にはとても見えず、珍しいものばかりだ。すると玄関まで出迎えた夫人が笑いながらこう言った。

「主人が南極から帰るたびにねえ」

「増えちゃったんですか？」と私。

「そうなんですの、ホッホ」

夫人の笑い声につられて、白髪をきれいになぜつけ、チェック柄のシャツにニットタイをつけた老紳士が奥から現れた。骨格のしっかりした顔の輪郭、眼鏡の奥の意志の強そうな瞳。やや堅くるしい笑いを浮かべているところも、写真で見ていた鳥居信平にそっくりだ。鳥居信平のご長男は、南極観測隊の越冬隊隊長を二度も務めた我が国の極地観測のフロンティア、鳥居《とりい》鉄也《てつや》博士（89）その人だった。

私のように、一九六〇年代に小中学生だった世代にとって、南極観測隊の越冬隊隊長は時代のヒーローのひとりだった。いまの子供たちが宇宙飛行士に憧れるのと同じだ。当時、新聞で大きく報じられた観測船『宗谷《そうや》』の雄姿や、昭和基地の模様、神々しい氷河の風景は、宇宙の彼方から送られてくる惑星の姿や宇宙船内の作業風景と同様に、子供たちの好奇心と冒険心を十二分に満足させてくれた。後に進学した大学のスクーバ・ダイビング・クラブに、第一次の南極越冬隊隊長を務めた西堀栄三郎《にしほりえいざぶろう》（一九〇三～一九八九）さんのご子息がいたこともあり、私は極寒の地で活躍するヒーローたちにいっそうの親近感を抱くようになった。

ところで、日本の南極観測は、一九五六（昭和三十一）年の十一月から翌年にかけて、世界十二か国がひとつのチームを作った観測隊に初参加したことから始まった。

敗戦からわずか十年ほどで迎えた大規模な学術調査は、戦争の痛手から立ち直ったばかりの日本人に、国際社会に復帰したことを印象づけ、未知の大陸探検という壮大な夢を与えてくれた。

第二次隊が悪天候のために昭和基地に置いてこざるを得なかった樺太犬《からふと》十五頭のうち、「タロ」、「ジロ」という名前の兄弟犬が極寒の地で一年間生きぬき、一九五九年一月に到着した第三次隊員をちぎれるほどしっぽを振って出迎えたというニュースは、日本中に大きな驚きと感動を呼んだ。二頭をたたえる歌がさっそく作られ、日本動物愛護協会は当時開業したばかりの東京タワーの展望室に十五頭のカラフト犬記念像を設置した。飼い犬に同じ名前をつける人が続出したことも話題となった。ただし、現在の南極に犬はいない。「環境保護に関する南極条約議定書」の第四条―2に、犬の持ち込み禁止が盛り込まれたからだ。

日本の観測隊は、一時的な中断はあったものの二〇一九年春までに六十一次隊を送り込み、極地探検と温室効果ガスやオゾン層など地球環境の観測に大きな成果をあげている。これもみな、鉄也さんらフロンティア精神に富んだ研究者たちが、未知の世界を忍耐強く調査し、多くの学術的なデータを積み上げていったおかげだ。

「さあ、こちらへどうぞ」

南極石の採集、調査をする鳥居鉄也さん

鉄也さんが招き入れた応接室の書棚には、南極の写真集や専門書がずらりと並び、氏がどれほど長く深く極地調査にかかわってきたかがうかがえた。鉄也さんは、南極の大気中の二酸化炭素濃度や不凍池や塩湖の研究を行い、南極石をいくつも発見している。地球化学者の彼は、私財を投じて創設した「日本極地研究振興会」の理事長としても、若い研究者の養成に努めている。六十九歳になった一九八七年まで、二十八回も日本と南極を往き来したとは、なんと超人的な体力だろうか。

「小さい頃育った環境がよっぽどよかったのでしょうな。この年齢まで元気でいられるのは台湾で生まれ、新鮮な果物をたくさん食べて育ったおかげだと信じております」

南極探検の専門家が、熱帯生まれとは知らなかった。

「私のことを北国生まれだと思っている方がほとんどですよ」

鉄也さんは事務的な口調ながら、ちょっと愉快そうに言う。

「むしろ寒いのは苦手の方でね。なにしろ小学校を卒業するまで、冬服は一度も着たことがありませんでしたからね」

興がのってきたのか、鉄也さんは、台湾で過ごした子供時代をいとおしむように話し始めた。

「小学校から戻ると、カバンを放り出して裸足《はだし》になって毎日遊びに行きました。近くの小川でフナ釣りをしたり、サトウキビ畑で戦争ごっこをしたり、社宅のグラウンドで野球をしたり……いや、実に恵まれた少年時代でした」

生まれ育った社宅の庭には、ロンガン、マンゴー、パパイヤ、バナナなどが一年中実っていたので、おなかがすいたりのどが渇いたときには、友だちと一緒に果実をもいで夢中になって食べたという。鉄也さんは、「きわめて」という部分を強調しながら、こう言った。

「自然環境に恵まれた土地で成長期を送ることは、人間にとってき・わ・め・て大切なことなのです」

父の名は「ノブヘイ」

鉄也さんは、屏東市立尋常《じんじょう》小学校を卒業すると、台北一中に進学し、そこから都内の中学校へ転校した。その後、名古屋にある旧制第八高等学校を経て東京帝国大学理学部化学科へ入学。八高、東大時代はどちらも山岳部に籍をおいて数々の登山を体験し、「自然との付き合いの醍醐味を覚えた」ことで地球化学者の道を選んだ。後に極地研究の第一人者となったのも、山岳部での体験と知識が大いに役立ったため。鉄也さんの回想録の中にもそのことが書いてある。

八高山岳部生活は、私にとって初期の南極観測時代、隊の編成、設営各部門の準備、調達、また行動計画の立案などに非常に役立つものとなった

（『南極とともに―地球化学者として―』鳥居鉄也著より）

台湾の話が一段落したところで父上の思い出をうかがってみた。

「正直言ってあまり記憶にありませんな、恐いオヤジという印象はありますがね」

記憶にないとはどういうことだろうか？

「オヤジはずっと工事現場につめておりましてね。社宅に帰って家族とゆっくり過ご

すのは正月とお盆の休みくらいでした。私は台北の中学校に入学するため十三歳で親元を離れましたので、一緒に過ごした時間がほんとうに少ないのです」

小学校を卒業すると同時に、鉄也さんは知り合いの家に下宿して多感な少年時代を過ごした。学校の休みを利用して帰省はしていたものの、いつの頃からか、父親と心を通い合わせる方法を見失っていたのかもしれない。

父親については「〝生蕃《せいばん》〟（註・日本統治時代の初期、帰順していない原住民を清代にならってこのように呼んだ）の集落に住んでいる」くらいの認識しかなかったのだという。家族と一緒に過ごす時間よりも仕事を優先させた父親。子供心に寂しさと恨みがましさを抱いていたのかもしれない。

「ある意味では、家庭的にまことに不幸であったかなとも思います」

二〇〇四年に丁澈士教授ら台湾の研究者が訪ねてくるまで、父親の仕事には「特別の関心もありませんでした」（鉄也さん）。ましてや、南台湾の二十万を超える人々が、現在も父親の造った地下ダムの恩恵を受けて暮らしていることなど想像もつかなかったので、後日送られてきた台湾側の資料に、父親が写真入りで掲載されていたのを見て驚いたそうだ。

「先人の功績を、後世の人がきちんと評価する台湾の風習に感じ入りました。オヤジの功績よりも、驚いたのはそっちのほうなんです」

　鉄也さんは、茶碗をぐいと傾けて飲み干すと、宙を見つめたままである。さて、困ったことになった。素顔の鳥居信平を知っているのは、もはや鉄也さんだけではありませんか。

「いや、妹がひとりおります。おりますが、現在は老人ホームで暮らしています」

だから、取材はちょっとご遠慮いただきたいということらしい。

脇から矩子《のりこ》夫人（76）がお茶をつぎながら、言葉を添えた。

「お役に立ちそうもなくて申し訳ありませんね、実はおじいちゃんの写真も形見もほとんどないんですの。鳥居の家は昭和二十年五月の空襲で全焼してしまいましたのよ」

　夫人の話を無言で聞いていた鉄也さんが、ぽつりとつぶやいた。

「……信平《のぶへい》は静岡の生まれなんです」

「えっ？　シンペイとお読みするのではない？」

「ええ、父はノブヘイと読ませておりました」

「鳥居信平」の名前と出会ってから二か月目に、私はようやく正しい読み方を知ったのだった。

第二章

実践躬行

裕福な農家の三男坊

鳥居信平は一八八三（明治十六）年一月六日、静岡県周智郡上山梨村（註・現在の袋井市上山梨）の裕福な農家の三男として生まれた。父は鉄次郎《てつじろう》、母はたのという。

鳥居一族はもともと三河の出身だが、江戸時代の末期に菩提寺の門徒として袋井に移り住んだ。信平の生まれた一八八三年は、NHKの大河ドラマで一躍有名になった天璋院篤姫《てんしょういんあつひめ》が亡くなった年であり、また、作家の志賀直哉《しがなおや》や後に自民党初代総裁となった鳩山一郎《はとやまいちろう》、海外に目を向ければファッションデザイナーのココ・シャネルや作家のカフカ、政治家のムッソリーニが生まれている。

この年、東京は文明開化一色に染まっていた。二月には『東京電灯会社』が創業して街路灯や家庭の電気が灯《とも》りだし、鉄道が上野から熊谷まで延びた。十一月には千代田区内幸町に日本初の西洋式社交場「鹿鳴館《ろくめいかん》」が華やかにオープンし、午後八時半から始まったお披露目の夜会には、タキシードやローブ・デコルテをまとった紳士淑女が覚えたてのワルツを踊り、ビリヤードに興じ、カクテルパーティーを体験した。こうした都のハイカラブームをいちはやく商売に取り入れた父の鉄次郎は、当時としては珍しい洋蘭の栽培を手がけ、卓越した技術で成功を収め財を築いたようだ。

優秀な成績で静岡中学校を卒業した末っ子に、父の鉄次郎は大きな期待をかけた。信平のふたりの兄は農業を継いだが、彼には家業と別の仕事についてもらいたいと思ったのか、好きな勉強を思いきりやらせたかったのか、父親は金沢にある旧制第四高等学校（註・後の国立金沢大学）へ信平を送り込んだ。

通称〝四高《しこう》〟は、強健な学風、剛気な気風で知られ、『南下軍の歌』（一九〇七年作）は、旧制高校の寮歌の中でも有名だ。四高は政財界に多くの逸材を出しているが、興味深いのは、後に台湾で〝嘉南大圳《かなんたいしゆう》の父〟と呼ばれた八田與一《はったよいち》（一八八六～一九四二）が、信平の卒業した一九〇四年に入学し、その後同じように東京帝国大学に進学していることだ。

台湾を舞台に土木技師として活躍するふたりの人生は、この頃からつかず離れず、重なり始めた。

三男の信平が分家したのは一九三二年。鉄也さんの話によれば、それ以後は東京の新宿区に家を建てて本拠地を移したので、地元とのつきあいは薄れたという。

「父は長い間台湾で働いておりましたし、四十九歳で分家してからは東京が生活の拠点になりました。しかし私が初めて南極へ出かけるときは、父の郷里の方々に大変お世話になったことをいまも感謝しております」

鉄也さんは南極から持ち帰った貴重な標本や南極関連の書籍を袋井市の市立図書館に寄贈している。したがって地元の袋井市では、郷土が生んだ偉人として鳥居鉄也さんの名前は知れ渡っているが、父親の信平の偉業に関しては、まったくといってよいほど知られていなかった。

二〇〇九年に、台湾から鳥居信平の胸像が寄贈され、南台湾で功績がいまも語り継がれていることを知った袋井のみなさんは、父から子へと伝わった智の伝承にどよめいた。

信平の生誕地、袋井市

静岡県袋井市は、新幹線「こだま」号を使うと東京から約二時間で到着する。乗り継ぎの掛川《かけがわ》駅でローカル線を待つ間、駅前の広場をぶらぶらしていると、たきぎの束を背負って読書に励む少年時代の二宮尊徳《そんとく》（一七八七～一八五六）の銅像が目に入った。戦前は、小学校の校庭に立つ銅像の定番であり、現在も勤勉少年の代名詞として金次郎は知られている。広場には尊徳の教えを活かした標語の看板まで立っている。尊徳が広めた報徳運動が現在も盛んな土地柄だけに、偉大な農学者として尊敬されているのだろう。私を観光客と思ったのか散歩中の老人が話しかけてきて、尊徳の資料館「大日本報徳社」が近くにあるよと教えてくれた。

掛川から三両編成のローカル線に乗った。景色を眺めているとプレハブのアパートや建て売り住宅が、田んぼを侵食している様子がよくわかる。二〇〇二年の「日韓ワールドカップサッカー」や二〇〇三年の「NEW!!わかふじ国体」の開催を機に、開発が進んだ地域だ。十分ほどで着いた袋井駅は、目にうるさい原色の看板や派手なパチンコ店もなく好感の持てる佇まいだ。袋井といえば、品川から数えて二十七番目、旧東海道の中間にあたる宿場町として栄えたところである。

「宿場として整備されたのは江戸時代ですが、古くから交通の要所として知られていたのですよ」

出迎えてくれた若手の市議の山本貴史《たかし》（39）さんが、車のエンジンをかけながら説明をしてくれた。

駅から少し離れると、数百年も昔から旅人に日陰を提供した松の木がぽつぽつと残り、石の蔵が並ぶ。なんとなく東海道五十三次の風情が認められる。市役所の資料によると、人口は約八万七千人（二〇一九年度）。年間の平均気温が十六〜十七度と温暖な上、太田川が市の北から南へ縦断するように流れているため、わき水の豊かな水郷として知られ良質の米や茶を生産してきた。周囲を山に囲まれ、その中にきれいな湧水池があったので「袋井」という地名が生まれたほど、水とは縁の深い土地柄である。

鳥居信平の生家があった一帯を地元の長老、横井《よこい》村主《すぐる》（71）さんに案内していただいた。農業を営む横井さんは、天と地の恵みを受けて仕事をしてきた人特有の、おおらかさと逞しさが備わっている。

「信平さんの生まれた家はあそこに立っておりましたが、戦前の大地震でつぶれてしまったんですよ」

一九四四年に静岡一帯を襲ったマグニチュード七・九の「東南海地震」により、信平の生まれた茅葺《かやぶき》の家は倒壊してしまったという。生家の跡にはありふれた民家と酒屋が立っていた。現在、四代目の当主一家が住む鳥居本家は、そこから少し離れた住宅街の中にあるが、昔の面影はない。

横井さんと田んぼに囲まれたのどかな道を歩いていると、町民が管理する古い用水路のほとりに出た。おしろい花が彩りを添え、涼やかな水音が響いてくる。

「ここらへんはわき水が豊富だから、こうして地元で管理してきたのです」

豊かなわき水と水田。小鳥の声。ぐるっと周囲を見渡すと三百六十度視界が開け、青灰色の山並みと水田と小川が調和するアルカディアのような田園風景にほれぼれとする。

「ご覧なさい。周囲に比べて山並みが低いでしょう？　山が低いため月見の里と書いて、昔は〝やまなし〟と読ませていたそうです。山が無いから、やまなし。山梨という地名は当て字ですよ」

水の恩恵を存分に受けて育った信平が、南台湾の奥地で伏流水に目をつけたのもわかる気がする。幼い頃からわき水や太田川の流れに親しんだことと無関係ではないかもしれない。

信平が幼年時代に親しんだ太田川をひと目見たくて、水源の大日山《だいにちざん》に近い森町まで連れて行ってもらった。太田川は、全長が約四十四キロメートル、流域面積が四百八十八平方キロメートル。信平が地下ダムを設けた林辺渓とほぼ似たようなサイズだし、周辺にわき水が豊富な点も共通している。

袋井市郊外を流れる太田川の川岸は、植物が繁茂していた

森町のとある橋から眺めてみると、すみれ色に染まった静謐《せいひつ》な夕景の中に、かろうじて川と認められる流れを見つけた。背の高いキク科のオオブタクサやイネ科のメヒシバが群生し、川べりは雑草で埋まっている。それが太田川だった。一九七四年の〝七夕豪雨〟で決壊し大洪水に見舞われたため、上流にダムが建設されたと聞く。はるか上流に目をやると、山並みが迫り林辺渓の二峰圳の景色に似ていなくもない。しかし流れが細くなって川の生命力が減っているように見える。もし信平が現代に生きていたら、太田川をどんな方法で鎮《しず》めたのだろうか？

恩師上野博士の教え

一八九五（明治二十八）年、日清戦争に勝利した日本は、清国と講和条約を結んだ結果、台湾を領有した。史上初めての植民地経営に乗りだした明治政府は、欧米から取り入れた先端科学と莫大な予算と優秀な人材を投入し、港や鉄道の整備、田畑の灌漑に力を入れた。その背景には、欧米列強に負けぬような植民地経営をして、その実力と存在感を世界に誇示したい新興国家日本の意地と野心が潜んでいた。

総督府は、社会的なインフラ整備だけでなく、風土病や伝染病の蔓延《まんえん》を防ぐためにまだ内地では手もつけていなかった上下水道の建設に力を尽くした。台湾の上下水道普及に献身的な活躍をしたのは、お雇い外国人として来日したスコットランド出身の技術者ウィリアム・K・バートン（一八五六～一八九九）と、その弟子の浜野彌四郎《はまのやしろう》（一八六九～一九三二）だった。バートンは一八九六年に、民生長官だった後藤新平に請われて総督府衛生技師顧問を引き受けて以来、台北、淡水、基隆、台南を視察して、上下水道の計画を立てた。一八九九年にバートンが風土病にかかって急逝した後も、浜野は台湾に残り、恩師の壮大な計画を実現させるべく、二十数年かけて台北水道、台南水道などほとんどの事業をやりぬいた。

政府が強力にインフラ整備を行い、台湾の近代化を加速することができたのは、領台と時期を前後して、一八九〇年に水道条例、一八九六年に河川法、耕地整理法、一九〇〇年に下水道法、一九〇八年には水利統合法と、次々に治水関係の法律を定めたことが一因である。

一九〇八年、信平は東京帝国大学農科大学を卒業した。卒業論文のテーマは、三重県を流れる宮川の「宮川地区灌漑組織論」だった。

三重県といえば、いまも全国有数の地下水が豊富なエリアとして知られ、県内には横井戸式の地下水灌漑施設、通称マンボ（註・間風とも間保、間府とも書く。中東のカナートと似ている）が数多くある。信平の卒論もそれに関連しているのかと思ったら、テーマは農業経済と水利の関係を説いた土地改良論だ。この中で信平は具体的な数字をならべて、用水量の算出方法や灌漑施設の工法を述べている。信平は、その六年後台湾へ渡って、学生時代からの持論を実践、実証することになる。

父親鉄次郎の期待をはるかに超えて、信平は農商務省（註・後に商工省と農林省に分かれる）農務局に就職し、耕地整理を担当する技師となった。その後、天然資源の宝庫として注目されていた清国山西《さんせい》省の農林学堂の教授として招かれ、一年半を中国大陸で過ごした。滞在中に習得した中国語が、後に台湾で役立とうとは本人も想像しなかっただろう。二十九歳で帰国すると灌漑施設の建設などを手がける技師として、こんどは徳島県の土木課に就職した。

徳島は、江戸時代から土木工事をさかんに行い、先進的な治水事業をしていた歴史がある。特に一六七二年に行われた吉野川と別宮《べっく》川をつなげて農業用水を確保した開《かい》削《さく》工事や、一七五二年に青石を敷きつめて吉野川の川床を盛り上げた「第十堰《だいじゅうせき》」は、藩をあげての大工事だった。日本の土木史に残る事業が息づく徳島県に、信平が着任したのは興味深い。

当時、彼がどのような仕事をしたかという証言を得ることはもはやできなかったが、名前を挙げるような活躍をしたのだろう。やがて、台湾に本社を構える『台湾製糖』

からスカウトの話が飛びこんでくる。

「父が台湾に渡ったきっかけですか？　恩師の上野《うえの》英三郎《えいざぶろう》先生のおすすめが大きかったことは間違いありません」

　鉄也さんの口から出た上野英三郎（一八七一～一九二五）博士は、日本における近代的な農業土木と農業工学の創始者であり、都内の渋谷駅前と秋田県大館《おおだて》駅前に銅像のある「忠犬ハチ公」の飼い主としても知られている。子供のなかった上野夫妻は、知人に頼んでわざわざ秋田県から血統書つきの子犬を手に入れ、家族の一員として可愛がっていた。ハチは、博士が駒場にある東京帝国大学の授業を終えて帰宅する時間になると、渋谷駅まで出迎え、ともに散歩をしながら自宅へ戻るのが日課になっていた。博士と愛犬のほほえましい姿は近所で評判になっていたほどだ。

　ところが、ハチが二歳になる前に、上野博士は講義中に脳溢血を起こして急逝《きゅうせい》。その後日本橋や浅草の知人宅に預けられ、最後は富ヶ谷に住む植木職人にもらわれていったが、主人の突然の死を理解できぬハチは、毎朝数キロメートルの道のりを渋谷駅へ通った。一九三五年に十三歳で死ぬまで、ほとんど毎日、駅前でじっとうずくまり帰らぬ主人をけなげに待ち続けた。上野博士を一途に恋い慕う忠犬ぶりに胸をうたれた多くの市民が募金をして、一九三四年に銅像が完成。戦時中の金属回収により銅像は没収されたものの、一九四八年、多くの人たちの支援で再建され、今も渋谷駅で主人の帰りを待っている。

閑話休題。

東京帝国大学の教授と農商務省の技師を兼務していた上野英三郎博士は、早くから台湾の水利事業に関心を寄せ、総督府が行う大型公共工事を視察して殖産や土木行政に提言をしていた。博士は、台湾の河川の「乱流奔溢《らんりゅうほんいつ》」ぶりを認めながらも、ただ洪水を防ぐ目的だけの土木工事では意味がないと諭している。博士の持論は、農業上の灌漑や排水を含めた土地改良を視野に入れ、経済効果を考えなければ理想の土木工事ではないとするものだった。さらに、最も安価に、最も有効に水の分配を考えること、各種の作物についてどれだけの水が必要かという用水量を正確に計測することを強調した。台湾農業の現状をよく知る博士は、農作物の増産ばかりにとらわれず、住民や家畜の健康に悪影響を与える過湿の害を取りのぞくことが大切だと、説いている。

実践躬行のリーダーたち

一説によると、台湾の製糖の歴史は遠く隋《ずい》（五八一～六一九）の時代にまでさかのぼることができる。オランダ東インド会社が統治していた時代（一六二四〜一六六二）に、福建省からの移民が本格的に製糖を始めて、砂糖はシカ皮と並ぶ日本向け輸出品の重要品目となった。オランダ時代の末期には、百七十万斤（約千五十トン）の生産量のうち約六十万斤（約三百七十トン）が日本向けだったほど。清の統治時代（一六八三〜一八九五）になると、台湾産の砂糖は主に対岸の福建省に移出され、市場はいちだんと広がった。しかし、清朝政府は台湾を「化外《けがい》の地」（註・国家の統治が及ばない場所）としか見ていなかったので、近代的な製糖産業を奨励するまでにはならず、農家の規模はどこも小さく家内工業の域を出なかった。在来種の甘蔗《かんしょ》（サトウキビ）はヒョロヒョロとして釣り竿よりも細く、それを水牛の力で石臼《いしうす》を回して粉砕し、蔗汁をしぼるという有様だった。これでは、サトウキビの茎に含まれる蔗汁の三十パーセントも確保できない。

日本政府は、台湾経営の大きな財源としてショウノウやお茶とともに砂糖に注目した。第四代児玉源太郎《こだまげんたろう》総督（一八五二〜一九〇六）のもとで民政長官を務めた後藤新平《ごとうしんぺい》（一八五七〜一九二九）は、殖産局長のポストに農学者の新渡戸稲造《にとべいなぞう》（一八六二〜一九三三）を迎えようと説得に乗りだす。新渡戸は、着任前に各国の製糖業を一年間視察するという条件つきで後藤の説得に応じた。すると後藤は、到着して間もない新渡戸をオランダ領ジャワ（現在のインドネシア・ジャワ島）に派遣し、台北にもどってくるなりすぐに意見書を作成してほしいと頼み込んだ。新渡戸稲造は後に、その時の様子を以下のように回想している。

「能《よ》く調べて色々参考書も見てから意見書を書きます」と申しますと、「イヤ、そんなことは要らない。台湾のことが能く分からない内に書いて呉《く》れ。君が台湾の実際を知ると眼が痩せて思い切つた改良策が出なくなる。ジャワを見た眼の高い所で書いて呉れ。行はれない事でも何でも良いから高い所を見た眼で書いて呉

上：第四代台湾総督児玉源太郎
中：民政局長、民政長官後藤新平
下：殖産局長新渡戸稲造

れ」と言はれました。その時に児玉さんも後藤さんもさう云ふ風な遣《や》り方であるから思い切つた事が成るのだと深く感じました。

（『糖業』台湾糖業研究会編より）

「児玉さんも」と彼が書いているのは、できあがった糖業意見書を熟読した児玉総督が新渡戸稲造を執務室に呼んで、こう尋ねたからだ。

「吾輩はこの糖業意見書を見た。しかも二度繰り返してみた。一体、吾輩は書面を二度繰り返すことはしない男だが、台湾財政独立の基を築く根底論であるから念を入れてみたが、君、これで行けるのか?」。そこで「ハイ、行けると思ふから書いたのであります」と答えると「本当にこれで行けるかね?」と念を押す。それから児玉総督はにつこり笑つて、「君、やらう」と一言、力強く言つた。

（『糖業』台湾糖業研究会編より）

新渡戸の意見書は、主に次の五点を進言していた。

一　蔗苗の品種改良
二　培養法の改良
三　灌漑施設の改良
四　水利の悪い田を畑に転用
五　近代的な大工場の建設

新渡戸稲造が一九〇一年に作成した『糖業改良意見書』をもとに、台湾総督府は一九〇二年に『台湾製糖業奨励規則』を公布して、近代的な経営を各地の製糖会社に奨励し、支援したおかげで、短期間に飛躍的な発展をとげることができたのである。

新渡戸の語る逸話は、自分の理論や信条を実行に移す「実践躬行《じっせんきゅうこう》」を貫いた後藤新平と児玉源太郎をよく物語っている。当時のリーダーたちが台湾を新しい国造りの実験場としてとらえ、若い人材を活用し、思い切った施策を取り入れながら、試行錯誤で植民地経営をしていた様子がわかろうというものだ。

また、それにこたえることができる人材が、きら星のごとく揃っていた。

製糖業の基礎を築いた新渡戸稲造は、〝少年よ、大志を抱け〟の名言で知られるアメリカ人の教育者ウィリアム・S・クラーク博士(一八二六〜一八八六)が校長を務めた札幌農学校(後の北海道帝国大学)の第二期生である。彼ばかりでなく多くの卒業生が、農林関係の技師や試験場の研究員として台湾に赴任し、殖産政策を立案したり現場で汗を流して貢献した。台湾産業の柱となった製糖業にしても、卒業生たちが北海道で栽培されていた甜菜《てんさい》製糖の技術や体験を導入し、大いに活かした成果である。新しい国造りの実験場となった北海道と台湾。このふたつを結んでいたのは、クラーク博士直伝のフロンティア精神だったかもしれない。

台湾糖業の夜明け

『台湾製糖株式会社』は、三井財閥と宮内省が大株主となって資本金百万円を集め、国策に沿って一九〇〇(明治三十三)年に創業した。初代社長に就任したのは、のちに〃日本精糖業の父〃と呼ばれるようになる鈴木藤三郎(一八五五〜一九一三)で、袋井市森町の出身である。藤三郎は、地元の菓子製造業の家に生まれ、四十歳になった一八九六年に「日本精糖株式会社」を創設した。

その活躍ぶりと製糖技術の腕を見込まれて一九〇〇年に「台湾製糖株式会社」の社長に就任。すぐさま渡台した鈴木は、まず工場用地を探して南部の各地を巡り、地味を検査して自社農地の可能性、現地人の雇用事情や食料や飲料水の確保の手段、風土病の有無なども子細に調べ上げた。そして最終的に高雄から約十三キロメートル離れた橋仔頭《きょうしとう》に最新式の第一工場を建て、一九〇二年から本格的に製糖を開始している。『台湾製糖』が創業した一九〇〇年代は、まだ各地で日本統治に反対する武装闘争が起き、土匪《どひ》と呼ばれる盗賊が出没していた。そこで会社は、橋仔頭に建てた優雅なコロニアル風の事務棟の屋上に大砲と銃眼を取りつけ、地下には避難所を設けたほどだ。さらに、陸軍の駐屯兵から射撃の訓練を受けた社員たちが、自警団を組織して襲撃に備えたり、三十丁の銃を借り出して主だった社員の自宅に支給したりした。こうした治安の悪さに加え、内地から赴任した社員たちは、マラリヤをはじめとする風土病からも自衛しなくてはならなかった。

建設にあたっては、内地からほとんどの建材を運び、大工、左官、レンガ職人を多数連れてきた。高雄港ではなく、台南の安平《アンピン》港を荷下ろしに使ったのは、港から市内への運河や道路が比較的整備されていたためと思われる。また、製糖所の周辺に千ヘクタールのサトウキビ畑を確保し、三十五・二キロメートルの軌道を引き込んで、原料をすぐさま工場に運べるように工夫した。あらゆる点にわたり、近代化と生産性の効率を図ったのである。できあがった製品は、『三井物産』が一手に扱い、内地や朝鮮、清国で販売した。

この製糖所では、イギリス製やドイツ製の最新の圧搾機や分蜜機を使い一日に二百五十トンの粗糖を生産できる能力を備えていた。特に圧搾機はパワフルで、牛の力に頼るやり方にくらべれば、サトウキビから約三倍の汁をしぼることができた。

台湾の各地に次々できた製糖会社は、どこも軽便鉄道を敷設したので、一九一七年頃には、官営鉄道より製糖会社が運営する区間のほうが三倍も長くなっていた。台湾の糖業が全盛だった昭和の初めには、各製糖会社の鉄道線は合計で三千キロメートルにもなったほどだ。一部の鉄道は、住民たちの交通手段や貨物の運搬にも広く利用され、地域の発展に貢献し、民衆の生活に溶け込んだ。そのため、軽便鉄道と幼い日々を重ねる台湾人は少なくない。畑からサトウキビを満載して工場まで走る機関車の台車から、サトウキビをくすねた体験は、よほど忘れがたく愉快な思い出らしい。誰もが少年少女の顔に戻ってその話をする。

「膝で半分に折ってから茎をかじるんだよ。台湾の子供は歯が丈夫だからね。甘い汁がじゅわーっと出てそれは旨かったなあ」（林さん）

「見つかれば、すごく怒られたさ。日本人の警官はションパッパッー（註・兇巴巴。怒鳴り散らして恐いという意味の台湾語）だったよ」（王さん）

「機関車の速度がゆっくりなんだよ、だから、いくらでも引き抜けたな」（利さん）

すばしこい子供たちは、警官をしりめにサトウキビの甘い汁を存分に味わったのだろう。のどかな田園風景が浮かぶ昔物語だ。

創業当初、三十一歳の若さで支配人となって橋仔頭製糖所へ乗り込んだ山本悌二郎《ていじろう》（一八七〇〜一九三七）は、洋館風の事務棟で寝起きしながら仕事をこなした。身のまわりの世話をしていた台湾人の少年陳再居《ちんさいきょ》は、やがて『台湾製糖』の正社員となり、その息子陳水能《ちんすいのう》は東京農業大学を卒業して農業技師となり、鳥居信平が拓いた大响営《だいきようえい》農場に三年間勤務している。戦後生まれの孫の陳明発《ちんめいはつ》さんも国営会社となった『台糖』で大いに活躍し、陳家は三代、百年にわたり台湾の製糖業界に貢献した。

三代目の陳明発さんが、私家版の回想記に父親から聞いた祖父の話を載せている。創業時代の橋仔頭工場に赴任した山本悌二郎との出会いなど、貴重な証言なので、要旨をご紹介しよう。

橋仔頭に日本の製糖会社が開設するという情報を得た陳再居は、仕事を得るチャンスとばかりにさっそく現地へ向かった。しかし思うように日本人と接触できなかったため、まず、建設現場に通う英国人技師の手荷物の運搬をはじめた。ある日、偶然にも本社から派遣された製糖所の支配人、山本悌二郎氏の目にとまった。いろいろと身元調査の結果、父が仕事にまじめで正直、かつていねいで真心があることがわかり、山本氏は父を製糖所へ呼び入れ、オランダ風洋館で身辺の世話をさせた。十二歳だった少年は六十円（註・六円の誤り？）の月給取りになった。（中略）

母の話によると、父は頭の回転が速くてすばしこく、また料理が得意だった。支配人の山本悌二郎氏は毎日、父が作った三度の食事を口にした。父のこしらえた西洋料理を特に好み、ほかに日本式テンプラ、大根と昆布、コンニャクのオデン、スープとチャーハンなどが好物だった。その他の雑役もまかせたので、陳少年を洋風館のそばに立つ家屋に移り住ませた。

（『糖金時代・糖金歳月三代一世紀』陳明発編）

一九二七年、山本悌二郎は農林大臣に就任することになり帰京。そのとき再居さん一家も一緒に内地へ移転した。陳さんは目黒区五本木の山本邸の敷地内に住み、子供たちを内地の学校に入れて立派に育て上げた。陳水能さんの思い出話からは、新しい

「糖業博物館」の開設に尽力した陳明発さんは、三代が糖業にかかわった

時代の息吹を敏感にとらえて、人生を切り拓いていった台湾の若者像が浮かび上がってくる。

一九九九年二月に、橋頭《きようとう》（註・戦後は橋仔頭から橋頭に地名が変更）工場は約百年の製糖操業に幕を閉じ、その役目を終えた。二〇〇七年にオープンした糖業博物館を、陳明発さんの案内で訪れた。

親子三代が勤め、自分の家の一部のように慣れ親しんだ『台糖』の社有地は、彼の自宅から歩いて三、四分の距離だ。十六ヘクタールもある工場の跡地には無聊《ぶりよう》な時間がたゆたい、建物の日影で昼寝をするタイワンイヌの寝息が聞こえてくるほど静まりかえっている。貨車や引き込み線の奥には修理機械がしょざいなげに残ったまま。草の生えた鉄路を歩いてさらに奥へ進むと、レンガ造りの糖業博物館が立っていた。

道すがら、彼は父親の水能さんについて話してくれた。

「父は日本人のように几帳面で真面目な人でした。昔の資料を記念館に寄贈できたのも父のおかげですよ。小学校の卒業証書から学生時代の写真や製糖会社時代の書類まで、全部きちんと整理してあったのです」

明発さんは六十歳の定年を前に早期退職し、戦前、戦後の製糖の資料を丹念に集めて博物館の開設と管理に尽力している。博物館の資料を揃えるにあたって、社内で棄てられたままになっていた戦前の設計図や事務書類や身分証、放置されて朽ち果てた昔の道具などを探し出し、展示用によみがえらせた。

博物館は倉庫を改築しただけあって、広々としたスペースに台湾近代化を牽引した糖業の歴史が展開する。館内には、その昔子供たちがむらがった機関車や支配人の山本悌二郎が使っていた書棚や家具が置いてある。そして、数多くの戦前の従業員の写真……。アルプス、七三《しちさん》まげ、と呼ばれた大正時代の流行の髪型をして和服を着た女性たち、結婚式の記念写真、それにスポーツが盛んだった『台湾製糖』らしく、野球、テニス、弓道のチームが優勝旗を持ってにこやかに写っている。そうかと思うと、正装した子供たちの成長記録が出てくる。すでに鬼籍に入っている人ばかりなのに、戦

コロニアル様式の優雅な事務棟の屋上には、銃眼が設けられている

前の社員たちの群像は妙に生々しい。椰子やガジュマルの木陰で、日本人たちは内地と変わらぬ生活を繰り広げていた。

「鳥居信平はいましたか？」

明発さんが声をかけてきた。だが、残念なことに彼の姿を古い写真の中に見つけだすことができなかった。

博物館を見学してから、一九〇二年に完成したコロニアル式の事務棟の前に行った。山本悌二郎が寝起きしていた建物は、棕櫚《しゅろ》の木から漏れる光の中で静かに立ちつくし、四角形の銃眼はパステルカラーに塗装されたデザインの一部にしか見えなかった。外観はコロニアルスタイルだが、梁《はり》はすべてヒノキを使ってあるという。完成間もない頃、工場を視察にやってきた児玉源太郎総督が建物の銃眼を見て、「これでは敵の弾に、さあ、入ってくれとでも言ってるようだ」と呆れたという逸話が残っている。事務棟の銃眼は、外側が広く中側が狭く作られていたからである。

「ここですよ、ここに祖父は家を建ててもらったのです」

明発さんは、社屋の右手を指した。小間使いの少年が暮らしていた家は跡形もなく消え、その向こうにかろうじて残る工場長の住宅も、熱帯の太陽にあぶられ風化の度合いを早めていた。

現在、敷地内にはレクリエーション施設や売店ができて、観光スポットになっているものの、日本の製糖会社があったことはもはや遠い遠い過去のできごとにすぎない。戦前のように、『台湾製糖』の城下町として住民と会社がひとつの運命共同体になっているならいざしらず、いまや製糖会社と街の生活はほとんど関係がなくなってしまった。

「残念です。しかしまだまだ発掘しなくてはならないことが山のようにあります」

陳明発さんは、今日もきっと資料の山と向き合い、台湾近代化の推進力となった製糖業の歴史をこつこつと調べあげているはずだ。

信平、南へ下る

ここで、信平が渡台した前後の台湾の製糖業の状況をつかんでおきたい。彼がやってきた一九一四（大正三）年に、台湾の製糖会社の現状を取材に訪れた記者が記した以下のような記事がある。

本島糖業に於ては、当業者の苦労が足らぬ。海外の糖業発達史を見るに及んでは、本島が余りに順調過ぎた、余りにお調子に乗り過ぎたと云えるのであって、一度や二度の暴風雨の被害を以て、前途が如何の斯様のとは速断も亦甚《またはなはだ》しく、もう一、二度の動揺がなくては充分其の基礎の堅固を期する事が困難ではなかろうか。

（中略）先ず各会社は、せめて学術方面に下らぬ閥《ばつ》を造るを止めて、実力のある若《も》くは将来有望なる農業技師を招聘し、事情の許す限り甘蔗耕作の研究をやらすが好い。土語《どご》の出来る便宜のみを想うて農事係を採用するのを標準とする抔《なき》は愚だ。土語に通ぜぬなら新《あらた》に勉学させる事である。

（『台湾日日新報』一九一四年六月七日〜七月一日連載記事より）

台湾糖業の憂患《ゆうかん》は、砂糖工業の方面に非《あら》ずして実に砂糖農業の上にあり
（『大阪朝日新聞』一九一四年五月十五日〜六月四日の連載記事より）

内地の新聞記者がこれほど注文をつけているのは製糖業界が苦しい状況にあったからで、それにはわけがある。

台湾はいわずと知れた台風の通り道で毎年大きな被害が出た。なかでも一九一一年八月と一九一二年九月に、二年続きで南台湾を襲った大型台風は、最低気圧が七〇三ミリバール。死者百四十名、負傷者三百名、全壊と流失家屋の合計が三万六千戸以上にのぼる甚大な被害をもたらした。橋仔頭にあった『台湾製糖』の工場や社宅の屋根はほとんどが吹き飛び、室内の家具も飲料水用の四斗樽《よんとだる》も突風によって転がりだし、建物の中まで濁流が流れ込んできた。サトウキビを運ぶ貨車は暴風雨の中をひとりでに走り出し、貨車どうしがぶつかり脱線し、破損してしまった。

台風が去った後も泥流に呑まれたサトウキビ畑からはなかなか水が引かず、病虫害が発生した。わずかに生き残ったサトウキビもその後の天候不順のために発育が悪く、とても収穫を期待できる状態ではなかった。そのため台湾全島で四十七億斤（約二百八十万トン）も採れていた原料のサトウキビが、明治四十四〜四十五年には三十一億

斤（約百八十六万トン）、次の台風がやってきた大正元年～二年は、さらに十五億斤（約九十万トン）に激減した。『台湾製糖』でも被害は大きく、前年の収穫高十一億三千万斤（約六十八万トン）が半分までに減り、砂糖生産にいたっては、四分の一に急減した。

ちょうどその頃米価が上がったため、サトウキビをあきらめて米作りに転業する農家が相つぎ、どの製糖会社も原料の確保がままならぬ事態におちいった。そのため内地に移送する砂糖が不足し、輸入の砂糖が国産を上回ってしまうほど深刻な事態となる。そこで前述のような新聞記事が出たり、内地の識者から、そもそも台湾は製糖業に向いているのか？　という疑問や、国際競争力に対する悲観論がもちあがり、台湾の製糖業は危機に立たされていた。

台湾総督府は各製糖会社と協力しながら、風雨に強い優良品種の育成に努め、糖業試験場や蔗苗養成所を各地に作った。早植えという栽培法も考案された。これは苗の植えつけを通常の十二月に行わないで九月、さらには七月に前倒しする対策だ。そうすれば、翌年の暴風雨の季節（八月～十月頃）までにしっかりと成長するので抵抗力がつき、全滅をまぬがれるというものだ。

だが、早植えや品種の改良だけではとうてい問題は解決しない。二度と大きな被害にならないようにするためには、土地の改良や灌漑と排水システムの改善などを推し進める必要があった。そこで、各製糖会社は農業土木の専門家を内地からスカウトするようになる。

『台湾製糖』でも創業以来の危機を切り抜けようと、専務の山本悌二郎が陣頭指揮をとっていた。彼は若い頃ドイツに留学して農業を学んだ経験を持っている。それだけに、サトウキビ畑の土地改良を組織的、科学的に行い、糖業界のモデルとなる自社農場の建設を決断する時期がきたと考えたようだ。山本という人物は実業家であると同時に政友会所属の国会議員でもあり、後に『台湾製糖』の社長から農林大臣へとのぼりつめた実践躬行型のリーダーだった。

彼は、以前から親交のあった上野英三郎博士に相談を持ちかけた。

「先生のお眼鏡にかなった、大学出の優秀な技師を台湾に迎えたい」

山本がこう頼んだ背景には、『台湾製糖』の人事事情もあった。創業した頃に工場勤務者として採用したのは、現地の言葉ができるという理由で警官や憲兵から転職してきた人材がほとんどだった。それが明治の末頃から、事務や営業畑にも大学や専門学校を卒業した新卒の若者を採用するようになったが、専門性の高い技術者のスカウトはあまり経験がなかったのである。

「砂糖増産は我が国の命運を左右する課題でもあり、なんとしても先生のお力を拝借したい」

上野博士は、愛弟子をひとりずつ思い浮かべながら専務の話にじっと聞き入った。台湾で即戦力となる人材を欲しがっている……。

「わかりました。考えてみましょう」

博士はそう約束して山本専務と別れた。

博士が愛弟子の鳥居信平を推挙したのは、彼なら自分が教えた経済的な農業土木を現場に活かし、山積みの課題を解決できるとふんだからである。

徳島県で耕作地や灌漑施設の工事を担当し、農業技師として働いていた信平が、未知の世界台湾での新しい職務を引き受けたのは、上野博士を心から尊敬していたこともあったろうが、持ち前の研究心と情熱に突き動かされたと思われる。信平が恩師に受諾の返事をすると、上野博士は微笑んだ。

「そうか、引き受けてくれるか。君がいままで培ってきたことを、新天地で実践してみなさい」

こうして信平の台湾行きが決まった。袋井、三重、徳島とたどってきた彼は、何か一本の道のりを歩いて台湾へ行き着いたように思う。

彼はさっそく同行する部下の人選を行い、台湾や製糖に関する猛勉強を始めた。新婚の妻まさに台湾赴任の話を伝えると、妻の実家でひと騒動が持ち上がった。徳川時代に幕府の老中に仕えていた由緒ある武家の家柄だったため、「娘を台湾に嫁にやったつもりはない」と猛反発したのである。新しい赴任先は想像もつかぬ危険と隣り合わせだったから、親が心配するのも無理はない。しかし、夫や婚家の流儀に従うと決めていたまさに何の迷いもなかった。おそらく信平も、台湾の土となり、骨を埋める覚悟で臨んだはずだ。

信平と入れ替わりに金沢の四高へ入学し、東京帝国大学土木工学科大学へ進んだ八田與一はどうしていたのか？　というと、信平よりひと足先の一九一〇年に、台湾総督府土木局技手として渡台していた。信平が台湾にやってきた一九一四年には総督府土木局の技師に就任している。ふたりは官と民という立場の違いこそあれ、三十年近く台湾の治水事業において活躍をした。ふたりの代表的な仕事となった萬隆農場の土地改良と嘉南大圳の灌漑事業は、どちらも一九一九年に立案、八田は一九二〇年から、信平は一九二一年からと、ほぼ同時期に工事にとりかかっている。ふたりの交友録は公式に残っていないが、台湾総督府の殖産局や土木局と、『台湾製糖』はサトウキビの増産や灌漑工事に関して密接な連絡を取っていたから、間接的に互いの仕事ぶりは十分に理解し、意識していたはずである。

水源を求めた開拓民

台風の後遺症からようやく立ち直った『台湾製糖』は、一九一〇年代になると作付け面積を一万八千ヘクタール前後に回復した。ハワイやジャワから台風に強い優良品種を新たに買いそろえ、アメリカ製の新式シュレッダー（甘蔗細砕機）を導入するなどしたおかげで、被害前の水準を超える生産高に迫る勢いを見せた。とはいえ、今後のことを考えると、安定した原材料の確保、つまり自社農地の拡大は避けて通れぬ課題だ。そこで、総督府から払い下げてもらった屏東平原の荒れ地が新農場の候補地になり、優秀な技師を招いて土地改良を試みることになった。予定地は屏東平原の東の端、北緯二十二度あたりに広がり、林辺渓が毎年起こす氾濫によって堆積した石ころからできた約二千百二十八ヘクタールの大地だった。ひと言で言えば、清代から続く開拓の歴史から見放されたような荒地だった。

ここで日本統治時代の前にさかのぼり、どのようにして屏東平原に人々が住みついてきたかを眺めてみよう。

明の遺臣だった鄭成功《ていせいこう》の時代（一六六二～一六八三）、主に福建省の福佬《ふくろう》人が渡来して島の西部の平地を開墾した。そのため原住民は平地を追われ、山間部や東部へと移動していく。清代中期になると広東省から客家人も渡ってきた。遅れてやってきた彼らは、条件の悪い山間地に入植するが、じょじょに勢力を伸ばしていく。

面積が約千百六十平方キロメートルの屏東平原には、十七世紀から平埔族の開拓村がわずかばかりできていた。自給自足の生活を支えていたのは粟やサツマイモの栽培と狩猟だ。それぞれ別の姓を名乗りながら、結束して暮らす彼らは「鳳山八社《ほうざんはっしゃ》」と呼ばれた。その後清代に入って多数の客家人が入植してくると、平埔族は水利権と生活権を守るために、平原一帯ですでに生活を始めていた福佬人と連携する。客家人のコミュニティー「十三大庄、六十四小庄」は、強力な武力と結束の固さを誇ったため、先に平原の住人となった他の民族と、水源や耕作地をめぐって勢力争いを繰り返していた。台湾の開拓の歴史は、水源をめぐる抗争の歴史と言ってもよい。

屏東平原の開拓をめぐる綱引きは、福佬人と平埔族vs客家人という構図の中で長い間続いたが、最終的には客家人の集落が屏東平原の中央に集まり、海岸線と大武山に近い山寄りの一帯には、福佬人と平埔族の集落が集まるようになった。

屏東平原の微妙な均衡を破ったのが、一八九五年から台湾を統治することになった日本の進出だ。領台したての頃、土地制度はまだ清代の名残りが強く、有力者が独占している土地を開墾者が借り受け、開墾者は開拓農民に使わせて小作料をとっていた。したがって複雑な水利権や所有権が発生していた。台湾総督府は一八八九年に土地調査事業をはじめ、所有者の地権を取り決め、不明なものはすべて国有財産として管理することにした。この決定に対して、農民たちは抵抗のすべがなかった、歴史家の史《し》明《めい》氏がその著書『台湾人四百年史』（鴻儒堂出版社刊）で指摘しているように、警察官の指示によって書類に捺印した後から、それが自分の土地を日本の会社に売却する承諾書であったり、サトウキビの植えつけ契約書とわかり、知らぬ間に土地を奪われたケースが頻発した。

　各地の製糖会社は、粟や芋を作っていた農民たちにサトウキビへの転作をすすめ、指導に乗りだしたが、昔ながらの耕作法にこだわり、日本人に不信感を抱く農民たちは、そう簡単に製糖会社の説得には応じなかった。とはいえ、屏東平原の耕地は限られていて多くは荒れ地として放置されたままだった。『台湾製糖』が手にした土地もそうした荒蕪《こうぶ》地《ち》の一部分である。

荒蕪地をまかされて

問題は、サトウキビの作付けが農民にとってメリットがあるとわかってもらうことだった。儲けが大きいのは、年に二度も収穫できて買い取り単価の高い米作である。だからサトウキビの価格が下がったとなれば、誰も蔗作をやりたがらない。農民たちにサトウキビを作ってもらうには、優良品種と肥沃な土地を用意し、買いつけ価格が下がらぬよう目配りをすることが必要だった。あまり一般には知られていないことだが、台湾人との宥和《ゆうわ》政策を重んじた『台湾製糖』は、隣接する一般農民の所有地にも灌漑排水などの水利工事や土地改良を広く推し進める方針をとり、地元と共存するよう、一般農民の利益にもつながるよう心がけた。こうすることで会社への理解や協力が深まるとふんでのことだ。

社史にはこのように書かれている。

なほこの頃から、土地改良、農場員要請等にも、一層組織的、科学的諸施設を実施することに手を染めた。先づ、水利に関する数名の専門技術員をして鋭意調査、研究を行はせ、独り自作農場のみならず、一般民有地に対しても必要な水利工事を施した。その後各所に行つた灌漑排水、客土法、荒蕪地開拓等の科学的諸

ハワイから改良種を導入し、みごとに育ったサトウキビ畑。向かって右の技師は糖度計を使っている

工事は、実にこの時代から基礎を築きつつあった訳である
（『台湾製糖株式会社史』より）

『台湾製糖』が、設立当初から有望な土地を買収したり、総督府からの払い下げ地を開墾しては農地の拡大に努めたのは、原材料の安定的確保という大方針があったからだ。おかげで一九三〇年には自社農地の面積が三万八千ヘクタールを超え、他の製糖会社に比べるとずばぬけて多くなっていた。

一九一四（大正三）年十月、三十一歳になった信平と同行の技師らは見送りの人々と水盃を交わし、神戸港から大阪商船の「笠戸丸」に乗船した。台湾の基隆港に到着したのは四日後。そこから台北へ列車で向かい、『台湾製糖』の事務所で、農事部水利課長の辞令を受け取った。台北で一泊した後、社員と合流して鉄道で南へ南へと南下を続ける。中部の嘉義《かぎ》を過ぎると北回帰線（註・北緯二十三度二十七分）を越え、いよいよ熱帯に入る。十月とはいえ、空には入道雲がわき上がり日中は三十五度にもなって、車窓に吹く風はなまぬるい。水田の中に立つ清朝時代の名残を見せる三合院住宅や椰子の樹、マメ科の大木、マンゴーの樹が繁る平原、水牛の水浴びなど、信平

にはすべてが珍しかった。南国情緒あふれる景色に見とれるうち、一行は高雄の本社へ。そこからさらに旅は続く。彼らは車で阿猴の製糖所へ。ようやく職場に到着したのは、神戸を出航して八日目のことだった。阿猴製糖所は、信平が想像した以上に堂々としていて活気に満ちていた。農事部に配属となった信平は、台湾語や製糖業全般の研修をこなす一方、内地で引っ越しの準備にかかっている妻のために生活環境や衛生面での注意を知らせた。

信平は着任するなり作業服に地下足袋とゲートルをつけて、農場開設予定地の下見に出かけた。工場付近の畑なら自転車で移動すればよいが農場の予定地は十数キロ離れている。阿猴の工場を出ると道はなきに等しく、岩石をよけながらデコボコ道を行く。自動車のシャシーはきしみ放しだ。座っていても身体が跳ね上がるほど揺れるので、力を入れてつかまらないと体のあちこちをぶつける。

「このあたりはまだ序の口です、潮州郡はなんといっても蕃界《ばんかい》との境ですから」

農事部の社員は慣れた口調で言った。車は荒涼とした風景の中を土煙を上げて走るかと思えば、渓流をざぶざぶと渡る。しばらく行くと道路脇に原住民が立ちつくし、土埃を上げてやってくる自動車を珍しそうにじっと見ていた。信平は自分がいよいよ異空間に入ったことを実感した。

一行は、見渡す限り大小の石ころで埋まる払い下げ地に到着した。

「乾期は、地下を二メートル以上掘っても一滴の水すら出てきません、三月は極端な干ばつが襲い、人間や家畜の飲み水はまったく手に入りません。ところが五月から雨期が始まると、こんどは洪水が襲い田畑は水に浸かってしまいます。もっとも、総督府が三年前に石堤工事をしてくれたので、雨期の鉄砲水は少し収まりました」

同行の社員から土地の状態を聞きながら、彼はしゃがみこんで土壌を調べた。驚いたことにコンクリート化した土層に大小無数の石がぎっしり埋まっている。とても農場を開設するような場所ではない。

「これほどの荒蕪地は、内地でも清国でも見たことがない……」

思わず信平は言葉を呑みこんだ。指の間から瓦礫《がれき》同然の土がこぼれおちた。

台湾南部特有の、コンクリート化した荒れ地を目にした信平は、自分に与えられた使命があまりに大きいことを思い知った。これほど悪条件の土地を改良して作物の増産を図り、農民を定住させ、社有地の価値を高める。そんなことが果たしてできるのだろうか？　しかも、あたり一帯は、人々が恐れる高砂族《たかさごぞく》（註・日本統治時代、原住民はこう呼ばれていた）の住む〝蕃界〟と隣り合わせだ。

同僚の説明によれば、この周辺にはパイワン族、ルカイ族、ブヌン族が生活しているという。彼らが受けついできた土地と水には固有の権利がある。特に水源の水利権は、伝統的な社会制度によって守られていた。だから工事の計画を知った原住民は自分たちの聖地を傷つけるなと、『台湾製糖』に対して強く抗議をしていた。

「〝蕃人〟とはいえ、誠実な協議が農事部の重要な仕事になるだろう」

信平は誰に言うでもなくつぶやいた。信平の言葉が聞こえたのか聞こえないのか、農事部の同僚は力をこめて言った。

「今般の農場計画は当社の将来はおろか、台湾の未来が問われるほど大切なものでありますが、また農民や蕃人たちに希望を与えるものでもある。どうか先達のご恩に報いるためにもお力添えをいただきたい」

農民たちにも希望を与える……この言葉に、信平は恩師上野博士の教えを思い起こしたに違いない。目の前の荒れ地が緑の農場になったら、どんなに多くの人々が恩恵を受け、豊かな暮らしを送れることか。

「不毛な原野でも、我が社の灌漑蔗作の経験と近代的な技術力を投入すれば、将来、きっとみごとなサトウキビ畑になるでしょう、そのことを根気よく説得するしかありませんな」

信平の胸の中に新しい闘志がふつふつとわき上がってきた。

第三章

自然と折り合う智慧

寝ずに描いた設計図

農場予定地の下見をすませると、信平はさっそく水源の探索を開始した。林辺渓一帯は降雨量こそ多いが、傾斜が急な上に保水力の乏しい土壌のため、乾期には川の水が干上がってしまう。

「どこに水源を見いだせばよいのか？」

これが当面の大きな課題だった。

信平と部下の技師たちはパイワン族の若者に案内役を頼んで山に分け入り、約二年にわたって上流の勾配や雨量を測量し、化学色素のウラニンを使って伏流水の水速を計測した。農場予定地の一角に建てた仮設事務所へ戻ってからは、夜中までデータと格闘する。現在の技術者なら衛星写真や空撮のデータをフルに活用し、観測井戸を掘って調べあげるのだろうが、八十数年前はひたすら歩き、計測し、持ち帰ったデータをつきあわせながら仮説を立てて水源をさぐるしかない。

毎日、早朝の涼しい時間帯から山へ向かい、ずしりと重たいリュックを背負って渓の流れと逆にさかのぼる。

「ゲートルをしっかり巻け、氷砂糖を忘れるな、キニーネを飲め」

出発前に必ず信平は部下たちに念を押した。屏東県潮州郡の東側は、それまで日本人が足を踏み入れたことのない秘境がほとんどだ。しかも二十世紀初めの南台湾は、北部と違ってまだ治安が安定しておらず、総督府に帰順しない原住民や毒蛇や獣が侵入者の命を狙う。その上、ペスト、腸チフス、発疹チフス、赤痢、天然痘《てんねんとう》、トラコーマ、しょうこう熱、ジフテリアといった八種の法定伝染病と風土病（マラリヤ、デング熱）が猛威をふるっていた。マラリヤの特効薬といわれたキニーネと体力の消耗を防ぐ氷砂糖は、必需品だったのである。

二〇〇七年秋に来義郷を訪れたとき、私たちはシーローファーファーウー村の村長に頼んで大武山系のひとつである新置山《しんちざん》を案内してもらった。地元の人が踏みしめてできた細い山道は、野ブドウやツタのつる、鋭い葉のノアザミやトゲタケがあちこちから行く手をはばむ。頭の上からたれ下がる枝やつるに気を取られていると、岩盤につるりと足をすくわれ転げ落ちそうになる。信平らが調査した上流に少しでも近づきたい、と気負ってみたものの、雨上がりにわいて出てきた蚊の大群に囲まれ、一時間ほど登ったところであえなく下山してしまった。三千メートル級の大武山系を二年間も踏査して基礎データを集めた鳥居信平たちの粘り強さと実行力には感服するしかない。

彼らが寝泊まりした仮設住宅は、満足な炊事施設や電灯もなく、夜はランプの光に頼るしかなかった。ランプの煤《すす》に目をしばたかせながら、信平は基礎データを縮尺地図と和算を用いて法則化していった。

ときどき信平は、窓辺に行き漆黒の闇を照らす月に目をやった。こうでもしないと目の奥に痛みと違和感がつきまとうのである。最初は結膜炎だろうと気にもとめなかったが、奥地に来てから眼病に悩ま

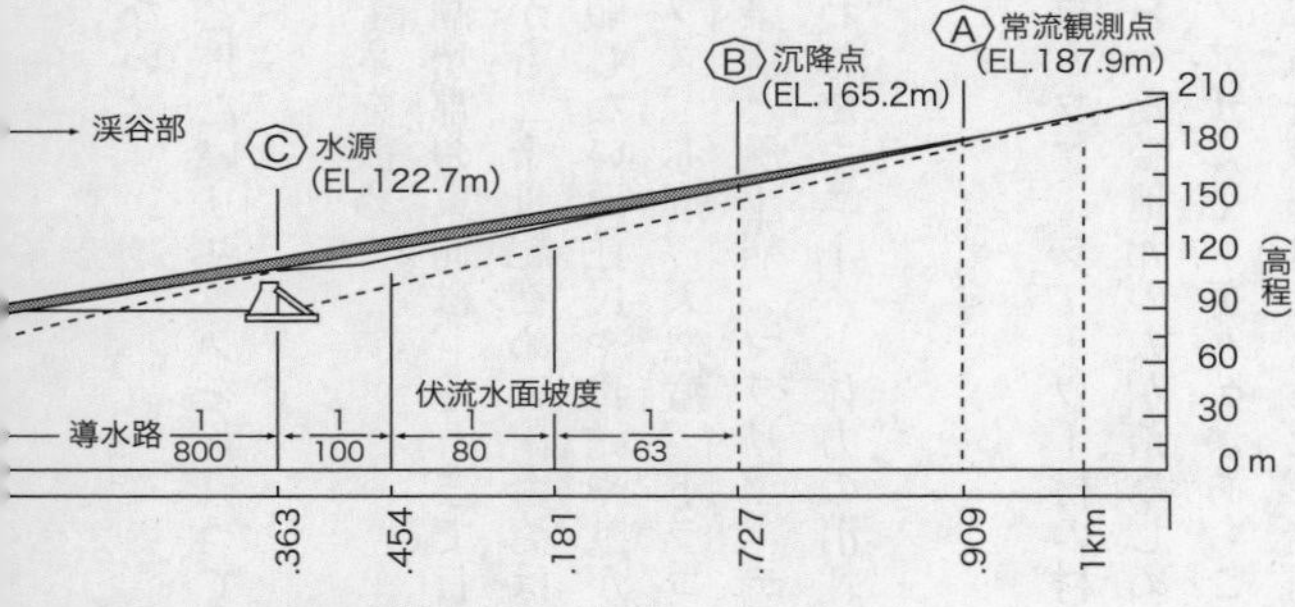

100分の1であることをつかんだ。

されていた。それでも、荒れ地が緑の農地に変わることをイメージしながら仕事を続けるうちに、ある発想が浮かんだ。

乾期に入って林辺渓の水が干上がっても、川床に入り込んでいる水、すなわち伏流水が、屏東平原の海抜十五メートルの地点までとぎれずに流れている。信平は目の痛みも忘れて机の前に戻った。

「そうだ、伏流水を利用すればいい」

安定して得られる伏流水を地下に溜め、人工涵養の理屈で、川の水を取り込もう。灌漑予定地との標高差を利用して流してやれば、わき水が出ている地点より六十メートルほど標高の高い地点でも、給水が可能になるだろう。高低差を利用すれば電力は必要ない。原住民たちの狩り場や漁場としている清流をそのまま保つこともできる。第一、大型のダムを造れば会社にも原住民にも負担が大きすぎる。水源

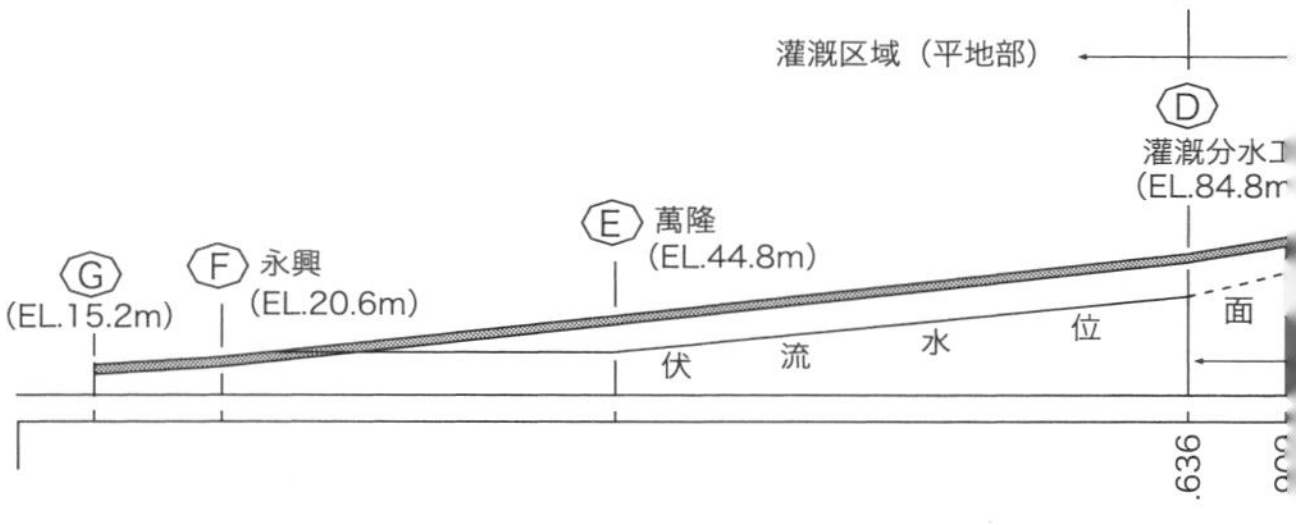

渇水時における伏流水の動向勾配線。信平はその水面勾配が63分の1～

から大量の水を動かせば、生態系が大きく傷つくだろう。地下水位も下がるだろう。信平は、自然界と原住民の生活を尊重し、水の力を最大限に引き出す設計にすることを決意した。予算と工期が限られていた「民」の仕事だから出てきた発想であり、現代風に言えばローテクに徹したアイディアだった。

原住民の懐に飛び込んで

第一次大戦の終息を待ちかねるように、信平は一九一八年から仏領インドシナ(註・現在のインドシナ半島に位置するヴェトナムとカンアボジア、ラオス)やオランダ領ジャワ(註・現在のインドネシア)、英領ビルマ(註・現在のミャンマー)などの水利行政とサトウキビの栽培事情を視察した。とりわけ、地下水を使った人工涵養を取り入れて、飲料水を確保しているジャワ島やセレヴェス島の灌漑と排水に興味を持ったようで、多くの情報を持ち帰った。なお、台湾総督府の土木技師になっていた八田與一も、二年前の一九一六年にオランダ領ジャワやシンガポール、フィリピンを視察している。

一九一九年、信平が三十六歳のときに農場建設の基本計画書を立案し、総督府の水利局と糖務局へ提出した。しかし、総督府の原住民対策に沿って調整しなければならぬ点がいくつかあったため、信平は通訳をともない、原住民の村落をひとつひとつ回りながら根気よく計画を練り直した。この頃には中国語のほか、台湾語やパイワン語、ルカイ語もしゃべれるようになっていた信平は、持ち前の熱意と剛気で五十人以上の頭目たちとわたりあった。先祖伝来の生活習慣を守り、聖地信仰の篤《あつ》い彼らは、日本人の意図をそう簡単に理解してはくれない。彼らの信頼を勝ち得るには、対話をあきらめず、すすめられるままに料理や酒を楽しみ、相手と対等につきあうしかなかった。ときには頭目の家で、シカ肉やタケノコを肴《さかな》に粟から作ったどぶろくを飲み、そのまま酔いつぶれたこともあっただろう。お酒が何よりも好きだった信平は、頭目たちに気に入られたはずだ。信平は蕃人とか高砂族とか呼ばれていた原住民を差別せず、大切な狩り場や漁場に配慮して自然を壊すことなく工事をすると約束した。そのことが信頼につながったのである。

一九二一年一月十五日には、上流の山奥へ潮州郡の郡守や『台湾製糖』の取締役らを連れて、水源の使用許可を得るため頭目たちを表敬訪問した。それればかりではない、信平は社会見学をかねて、休暇中の子供たちを原住民の村や頭目の家へ見学に連れて行き、家族ぐるみの親交を図ってもいた。

当時の一般的な日本人は原住民の文化や歴史を知ろうともしないで、ただ首狩りの

1930年代のパイワン族の村（来義郷）。信平は約20年前に訪ね歩いた

風習に恐れをなしていた。だが、実際に原住民と心の交流ができた人々は、みな一様に、誇り高き山の民をほめたたえている。例えば、台湾の山の中の集落を訪ね歩いた宣教師・井上伊之助《いのすけ》は、その著書『生蕃記』（一九二六年刊）に、「蕃人は恐くない。愛すべき人々で子供のように純真に規律を守る」と記した。ある頭目と義兄弟の契りを結んだ信平は、パイワン族の伝統文化の素晴らしさや、彼らが日本人以上に義理人情に厚く、勇敢で純真な人々であることに気づいていた。

糖業界ではそんな彼を〝人に接するに純朴、職務に厳格の一面に豊かな人情味があり、人使ひがうまい〟〝どこ迄も熱の人であり意の人〟〝研究心旺盛の男。学者を好用するのも人後に落ちない〟（『糖業』昭和十二年第十一号より）などと評している。

それにしても、信平のように東京帝国大学を卒業した超エリートが、よくぞ〝蕃地〟に長い間とどまり、原住民の懐へ飛び込んで行ったものである。信平は、妻と可愛い盛りの子供たちを屏東の社宅に残して、山奥でおよそ八年を過ごした。妻子のもとに戻るのは、盆と正月休みを除けば、一か月か二か月に一度。それでも気丈なまさは、工事が終わるまで三人の子供の世話をしながら家庭を守った。慣れぬ南国の地で、仕事一途の夫を支えた妻の苦労はいかばかりだったろう。信平の妻まさは、夫の思い出を問わず語りに鉄也さんの妻の矩子《のりこ》さんに聞かせていた。何度目かの訪問のとき、矩子さんが「お義母さんから聞いた」と前置きしてこんな話を披露してくれた。

「ひとりの頭目から、おまえは立派な顔をしているので首を家に飾りたいと、真面目に申し入れがあったそうですよ。お義父さんは、まあ待てと。この仕事が終わったらくれてやってもいいと応じたんですって。肝っ玉のすわった人だったんですね」

信平と同時期に営業部で働き、後に代表取締役になった筧干城夫《かけひたけしろう》（一八八九〜一九七七）さんの回想記にも、こんな話が載っている。

（萬隆の）農場長は東京農大出身の技師溝上君であった。彼は長崎県人であり、社内は勿論蕃人語にも精通し、山の人々に絶大なる信用と人気を博した偉丈夫の快男子であった。

或る日のこと、ライシャ蕃の酋長より溝上《みぞがみ》農場長に対し、頗《すこぶ》る突飛な申入れがあった。『私の後を引受けて酋長になって呉れ。それが出来ないなら、農場長の部下の独身男の池田さんを、自分の娘の婿に迎えたい』と。大胆不敵な流石《さすが》の溝上君も、この友好親善談判には腰を抜かした。農場長は苦慮の上、『酋長さんの申入れは非常に光栄だが、私のことは会社が許可して呉れない。池田君には本国（大阪）に婚約の婦人が居り近々式を挙げることになっている』と鄭重に断った。

酋長は更に注文して来た『自分の娘の婿に出来ないのは、本当に残念だ。それではせめて池田さんの首だけでも山へ残して貰いたい。蕃社の首棚に祭っておきたいから』と。これには農場長は再度肝をつぶした。

（『土と人と砂糖の一生・上巻』筧干城夫著より）

ここで、台湾原住民の間で行われていた「出草《しゅつそう》」、つまり首狩りの風習について少し説明をしておきたい。

一八九五年から台湾統治を開始した日本政府は、原住民の間に残る首狩りの風習を野蛮で残酷な行為として禁止したが、首狩りの風習がまったくなくなったわけではなかった。外国人にしてみれば恐怖の対象そのものだが、彼らにとって「出草」は宗教的、儀礼的な意味を持つ伝統文化のひとつだった。

では、どんなときに出草をしたかと言えば、成人する男子の勇気の表れとして、抗争の戦利品として行い、自分たちの領地を疫病や敵の侵入から守るために祀った。敵の首は、神秘的な力を持ち、祖霊を鎮め、コミュニティーの繁栄をもたらすものと信じられていた。そこで専用の棚にうやうやしく飾り守り神としてあがめたのである。日本の武士が戦場で敵の首級をとったり、罪人を打ち首にしてさらしものにしたりするのとはまったく意味が違い、原住民にとっては天界とこの世を結ぶ聖なるお守りだったのだ。

頭目たちが信平らの首をほしがったのは、姿、形のよいものはそれだけ御利益があると思ったのだろう。

自然と折り合う地下堰

『台湾製糖』の本社は、信平が赴任して六年後の一九二〇年に、高雄州屏東郡屏東街《へいとうがい》帰来《きらい》八百七十三番地へ移転した。さらに広くなった敷地には、黄色い花をつける相思《そうし》樹《じゅ》や桃色の花を咲かす南洋桜、真っ赤な鳥の羽のような花を咲かす火炎樹やトックリ椰子が植えられ、南国情緒にあふれていた。約七十メートルの高さがある煙突は、製糖時になると工場棟や貯蔵タンクなどあたりを睥睨《へいげい》しながら黒い煙を吐き続けた。しかし、砦のように頑丈でそれでいて優雅な橋仔頭の社屋に比べれば、屏東の事務所は質素なものだった。筧干城夫さんの回想記を再び開いてみよう。〝屏東本社のバラック事務室〟と題して、当時の様子を記している。

東西南北、四方ベランダ付きの長方形の建物、建坪三百坪、柱無しの一大ホール。建築資材は南支、福州杉と日本瓦であった。建設工費丁度一〇〇〇〇円。工事期間一ヶ月、正真正銘のバラック本社であった。但し、ベランダに沿うて相思樹とビンロウ樹を林立させた、涼気吹き通しの熱帯向き大広間であったので来遊の和田三造画伯は台湾第一と絶賛して呉れた位。

（『土と人と砂糖の一生・上巻』筧干城夫著より）

『台湾製糖』の筧干城夫氏と今も屏東市に残る本社の事務棟

重役クラスが入居できる広い一軒家を与えられても、信平は相変わらず工事現場で一人暮らしを続け、荒野が緑豊かな農場になることだけを念じて仕事に没頭していた。

水源の次に頭を悩ませたのは、川床をどれくらいの深さに掘って堰を埋設すれば安定して伏流水を確保できるかということだった。地下ダムを造るためには、地盤沈下が起こらないような固く丈夫な地層であること、止水壁を建設するのに都合のよい基盤構造であること、貯水域に補給できるだけの降雨量と地下水があること、以上三点が絶対条件だ。信平は、伏流水の動向勾配線が最急の地点で六十三分の一であることをつかみ、川床の垂直変動が最も少なくて、安全に地下堰を埋められる地点を探しだした。その結果、プンティ社渓（註・現在のガルス渓）とライ社渓というふたつの支流の合流点に決定した。

乾期が半年間あるとはいえ、地下ではかなりの出水が予想されることなどから、基盤層まで掘っていくには困難がともなう。そこで、流れの角度を念頭に（百十～百十一ページ参照）七・二七メートルまで川床を掘ることを決めた。

周囲の風景や生態系を壊すことなく自然と折り合うための地下堰堤は、正面から見ると台形に見えるが、横から見ると三角錐のようでもあり、コンクリートのダムサイトにすのこを組んだような構造をしている。すのこにあたる部分は、一本の長さを二・八メートルとし、隙間を十八センチずつ空けて組み立てた（百二十一ページ参照）。その上に籐のつるで編んだスクリーンを取りつけたので、濾過されたきれいな水だけが溜まるしかけだ。

土地をめぐる問題は、総督府の土木局や殖産局の協力があっても、地元有力者の理解がなければどうにも解決しなかった。新渡戸稲造が、「およそ農地改良の奨励にあたりては、まず、地方老農を説得すべきで、そのことすでになれば他は容易」と言ったように、農民を説得する方法として、実力者からの口添えが不可欠だ。建設予定地

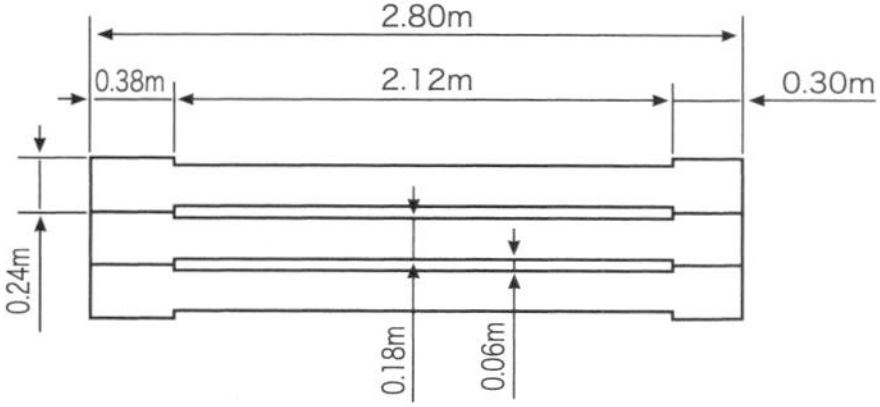

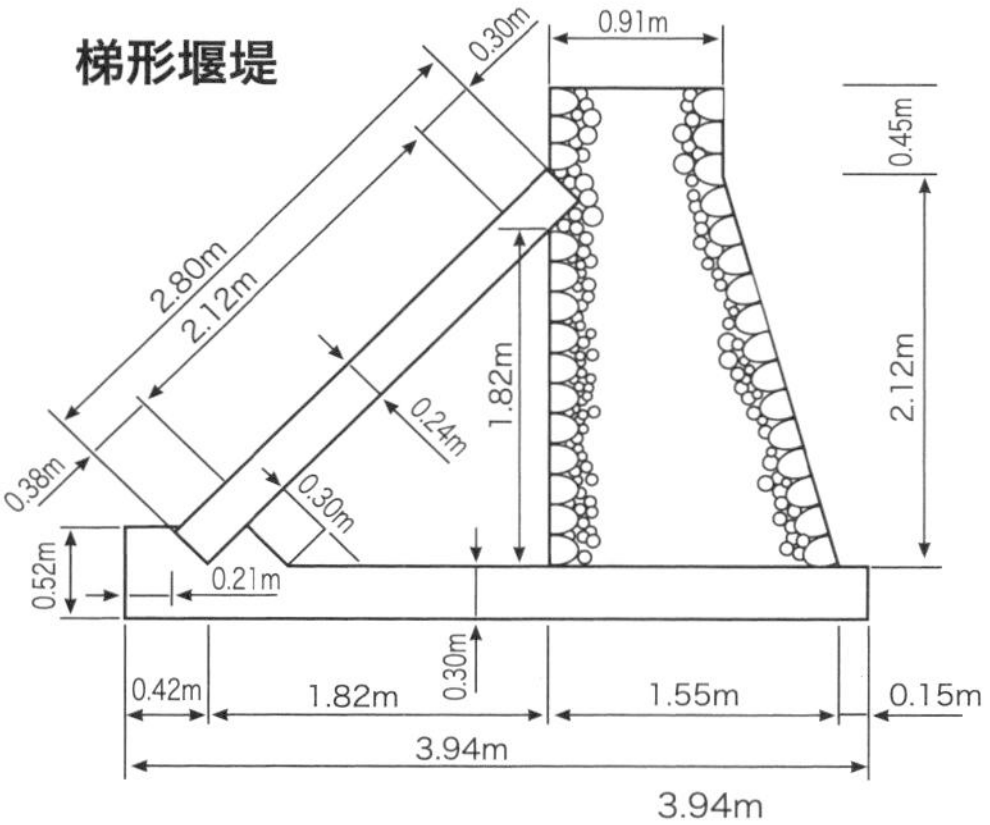

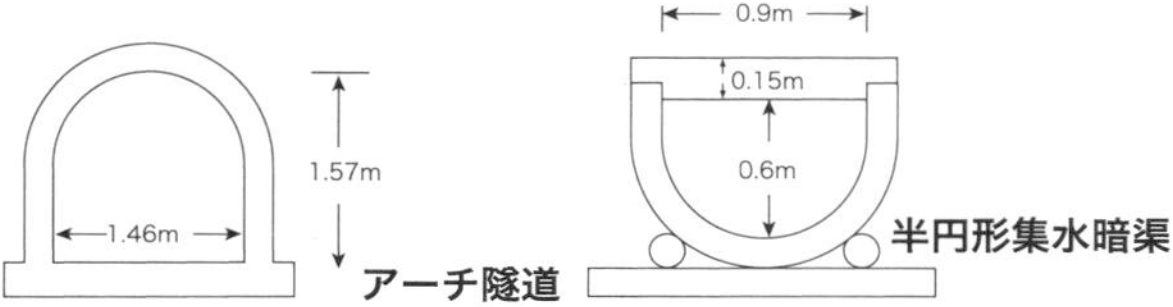

地下堰の構造図。ダムサイトを造り、そこにスノコ状のスクリーンを組み合わせ、伏流水を取り込んだ（p219の二峰圳構造断面図を参照）
下：導水路に使われた半円型の土管

乾期に川床を掘って、隧道を建設。当時の工事の様子がわかる

に加えて、さらに千ヘクタールの荒れ地を買収するために、屏東の名門藍《らん》一族の協力も欠かせなかったろう。

一九二一年六月十五日、高雄州の知事や警察関係者、原住民の頭目らを招き、待望の起工式を行った。

「荒れ地を緑の農地に」という作業チームの夢が、実現に向けて動きだしたのである。六月はすでに雨期に入っていたため、建設資材の運搬道路を作ったり、建材の調達、導水路の荒掘りという補助的な工事を進めた。十一月から乾期が始まると、地下堰の工事にとりかかった。翌年の四月までは川の水がまったく干上がるので、開削工法（註・地面を掘り起こして管を設置する工法）によって川床を一気に掘り下げ、長さ三百二十七・六メートルの堰を埋設した。翌年の一九二二年一月からは水源掘割残工事やトンネル工事、玉石積み上げ工事を進め、六月に通水テストを実施。引き続き、区域内の灌漑水路を造る工事に移った。

地下に堰き止めた伏流水を下流へ流すために、全長三千四百三十六メートルの地下導水路を通して農場の第一分水工まで送った。そこからさらに灌漑幹線を三方へ伸ばし、支線、小支線を補って、二千四百八十三ヘクタールに及ぶ農場地と周辺の農地に水がゆきわたるよう工夫した。

潮州郷に住む劉恩徳《りゆうおんとく》（61）さんの祖父は、暗渠《あんきよ》のトンネル掘りと盛り土、導水路の荒掘りを行ったという。

「掘りだした土は牛車に積んで運び、山から採ってきたシダやバナナの葉を地面に敷きつめて、半円形の土管をすべらせながら運んだそうですよ」（劉恩徳さん）

祖父が二峰圳にかかわったことを誇りにしている劉さんは、現在、国営会社『台糖』から委託を受けて地元の監視員を務めている。

近代科学に触れた原住民

開墾作業も困難を極めた。

中部の大地とは違って、南部の沖積層《ちゅうせきそう》は大小無数の石ころが粘板岩の風化によってつくられた砂状の土とくっついて、非常に固い。とうてい牛や人間の力では開墾ができず、機械を導入することになった。そこで、まず野焼きをして灌木《かんぼく》やカヤ、ツルを取り除き、次に地表に出ている岩や石を取り除く作業を人海戦術で行った。巨大な石は、ダイナマイトを使って粉砕したので、工事現場のあちこちで火薬の炸裂する音が鳴り響いた。

ようやく大地の表面が平たくなると、こんどはアメリカ製の強力なスチーム・プラウ・エンジンで動く深耕用のカッターでコンクリート状の土層をタテに切り、二メートル以上も掘り起こした。大きな馬力のエンジンを使わないと、南部の土層はとても歯がたたなかったのである。カッターで何度も掘り起こしては、そのたびに石を取り除く手作業を繰り返し、やっと堆肥の鋤《す》き込みができるほどだった。

原住民が参加した開墾工事の様子は、パイワン族の歴史を口伝《くでん》する女性によって、部族の間に伝わっていた。そこでさっそく彼女に会いに出かけた。

まず私たちが向かったのは、二峰圳の暗渠を掘った土を盛り上げて高台とした一帯に、山から下りてきた一族が住みついたといわれる集落だ。十六世の大頭目は、部族のリーダーとして尊敬され、坂の上の一等地に三階建ての立派な家を持っている。語り部《べ》の女性を待つ間に、頭目の父にあたる十五世の話を聞いた。十五世には日本の工事関係者の知り合いが多く、彼らを招いては酒宴を開いたそうだから、信平と少なからず接点があっただろう。

広いリビングルームには、先代、先々代の肖像画、一族の正装した集合写真、鹿の角、オオワシの剥製などが飾ってあり、パイワン族の魂を感じる。頭目は威厳のあるまなざしで飴《あめ》色に変色している写真を指した。

「これが十五世の父です」

えらがはった精悍《せいかん》な顔つきは、鳥居家で見せていただいたわずかな写真の中にも写っていた。

「父は日本人とうまくつきあっておりましたよ。私の小さい頃は、コタケという若い日本人がしょっちゅう遊びにきてよく可愛がってくれました。トリイという名前は覚えておりませんが、父は現場の責任者とよく話し合いをしていました」

十五世の頭目が話し合いをしたという責任者は信平のことだろうか。

そこに、語り部の女性がやってきた。日本統治時代に「谷口滝子《たにぐちたきこ》」という日本名を持っていたチャーパーライ・サング（74）さんは、百五十センチほどの小柄な身体を藍色の民族衣装で包み、鮮やかなトンボ玉の首飾りを下げている。胸もとと袖口を飾る刺繍が美しい。細かいクロスステッチを丹念に重ねて、複雑なパターンに仕上げてある。

「これくらいの針仕事はパイワンの女なら誰でもできるのよ」

サングさんはこともなげに言う。

彼女は小さい頃から父親の従兄にあたるおじさんの膝の上で工事の話を聞いて育ち、現在は若者たちに一族の歴史を伝えている。

「どんなに親や頭目が止めても、あの工事には若者たちが大勢参加しました。日本人の仕事に興味津々だったんでしょ」

彼女がパイワン語でしゃべりだすと、以前に訪れたニュージーランドのマオリ語の響きを思い出した。台湾原住民の言葉は、ミクロネシア、メラネシア、ポリネシアをカバーする南島語系（オーストロネシア）に属している。サングさんの話し方の癖なのか、母音が明るく響き、語尾がキュッと上がる。そのたびに装飾品がじゃらじゃらと揺れて、とても魅力的に見える。

パイワン語を頭目の甥にあたる方が中国語に訳し、それを頼小姐が日本語にするというもどかしさはあったものの、二峰圳の工事に協力し合った原住民と製糖会社の関係が見えてきた。

山から下りてきた若者たちはいくつもの隊に分かれ、五日間働いては二日だけ家族のもとへ帰り、また五日働くというローテーションで工事現場に通った。洪水と日照りを繰り返す平原に、山から水を引いて潤すのだと言われても、原住民たちは想像すらつかなかった。若者たちが親の反対をおしきってまで日雇いに応募したのは、近代科学への好奇心によるものだった。製糖会社が持ち込んだトラクターやスチーム・プラウ・エンジン付きのカッター、一気に大きな畝《うね》を掘る最新鋭の耕耘機や畦立て機や発電機がどのように動き、どんな仕事をするのかを知りたがり、機械がエンジンのうなりを上げると誰もが仕事の手を休めて、食い入るように見つめた。

パイワン族の語り部、チャーパライ・サングさん

「日本人が機械を使って固い土を掘ったり岩を壊したりしたで

しよ、何もかもが珍しかったんですよ」

日本人技師が火薬を使って巨岩を爆破する作業は、村人の間で長いこと語り草になった。

「大きな岩に火薬をしかけて爆破するたびにすさまじい爆発音がするでしょう、みんな何度も腰を抜かしたそうよ（笑）」

岩を爆破した後の破片を運んだり石を掘り出すのは男性の作業で、それを月桃《げっとう》（註・ショウガ科ハナミョウガ属の多年草）の葉で編んだ大きなザルに入れ、頭にかついで女性たちが捨てに行く。当時の記録写真を見ると、長袖の上着にズボンをはいているものの、女も男も裸足ではありませんか。

「山道や荒れ地には慣れているから平気なんです。ケガをしたら、薬草をすりつぶしてつければ治るのよ」

サングさんは笑いながら言うけれど、日中は四十度にもなる炎天下で、重たい石を運ぶのはそうとうの重労働である。一九二五（大正十四）年発行の『台湾糖業全誌』の記事によれば、二峰圳にかかわった労働者の延べ人数は十四万人以上にもなった。これほど大規模の労働者、しかも多くの原住民を動員した工事は、台湾統治が始まって以来のことである。

上：のべ 14 万人も動員して行われた開墾工事。原住民の石運び作業
下：スチーム・プラウ・エンジン付きのカッターで荒れ地を掘り起こす

「どの頭目も日本人の会社としじゅう話し合いをしていたそうですよ。村の人はみんな頭目の言うことをよく聞いたから、争いなどありませんでしたね」（サングさん）

原住民たちが受け取った日給は六十二銭。大正十年の日雇い賃金の平均一円九十九銭（労働省賃金統計課資料）に比べるとかなり安いが、物価の基準からすればこんなものだったのだろうか。

日雇い労働者の手配を担当したのは、高雄市に本社を構える『唐栄鉄工廠股份公《とうえいてつこうしょうこふんこう》司《し》』の前身にあたる『唐栄商店』だった。創設者の唐栄という人物について取締役の筧干城夫が紹介している。

唐栄君は明治三十九年、南支福建省より澎湖《ぼうこ》島を経て台湾に渡り、吾社の屏東大工場の建設と砂糖包装、倉出入の作業に従事、専念すること実に四十年。人間的、社会的に模範家族であった。（中略）唐栄君の主導する労務作業は全く水も漏らさぬといった有様であり、とても人間業とは思われぬ正確な見事なる流れ作業であった。第二次大戦終結後は蒋介石総統、陳誠副総裁により辛抱を博し、彼の育英奉仕は高く評価され表彰された。

（『土と人と砂糖の一生・上巻』筧干城夫著より）

長男の唐伝宋《とうでんそう》は、戦後、高雄に鉄工所を創設し、台湾を代表する鉄鋼メーカーに育てた。二〇〇八年一月に、筧干城夫の子息である筧秀夫《かけひひでお》さんのご紹介で、ちょうど東京を訪れていた孫の唐嘉宏《とうかこう》（74）さんにお目にかかった。

「三代前のことですから、生前どんな活躍をしてどんな人たちとつきあっていたかまではわかりません」

と断りながらも、祖父の思い出を断片的に語ってくれた。

「唐栄商店を興した祖父は、機を見るに敏な人だったらしい。二峰圳の工事を側面からお手伝いできたのも、幅広い人脈があったからでしょう」

嘉宏さんはこんな話も披露した。

「祖父は会社からの信頼がよっぽど篤かったのでしょうね、不要になった軽便鉄道を払い下げてもらって市民に開放していました。祖父はいつも地元のことを考えながら仕事をしていました」

嘉宏さんの話しぶりから察して、祖父の唐栄さんが、北極星のような存在であることがよくわかった。

「二峰圳」に関する古い資料の中に、『台湾製糖』が、タナシュウ社（註・現在の屏東県春日郷。海抜千七百メートルを超える高地）に住むパイワン族の頭目と取り交わした契約書の下書きが混ざっていた。筆跡からして、信平がまとめたものと思われる。

契約書

台糖製糖株式会社ライ社渓灌漑工事ノ為メ　高雄州潮州郡蕃地タナシュウ社領地内ニ圳路開墾ニ付キ台湾製糖株式会社ト、タナシュウ社頭目パタダル家頭目パタダル・アルサガルト左ノ契約ヲ締結ス

記

一　タナシュウ社頭目パタダル家ハ前期埤圳開墾ニ要スル用地ヲ永久ニ台糖（註・「台湾」の間違い？）製糖株式会社ニ貸与スル事ヲ承諾スル事

二　タナシュウ頭目パタダル家ハ自己領地内ノ前記埤圳ヲ責任ヲ以テ保護監視スル事ヲ承諾スル事

三　台湾製糖株式会社ハ前記埤圳ノ用地使用料及圳路保護監視ノ報酬トシテ毎一ヶ月金五円ヲ、タナシュウ社頭目パタダル家に給与スル事

四　台湾製糖株式会社ハ毎年七月タナシュウ社蕃人ニ対シ台湾米酒四斗ヲ恵与スル事

五　将来行政区域ノ拡張其他官ノ施設ニヨリ前記用地ガ蕃界ニ属セザルニ至リシ場合ハ本契約ヲ破棄ス

本件ハ潮州郡守立會ノ下ニ契約ヲ締結シ本書三通ヲ作製シ、其一通ハ潮州郡ニ保管シ、他ノ二通ハ契約者各一通ヲ所持ルスモノトス

大正十年　月　日

高雄州屏東郡屏東街帰来八七三番地

契約人　台湾製糖株式会社

高雄州潮州郡蕃界タナシュウ社頭目パタダル家

契約人　頭目　パタダル・アルサガル

各部族の頭目に毎月支払った管理料は、五円のところもあれば、三十円（『ルヴァネヤウ族家史・漂流両千年』江海著より）のところもあるように、各部族ごとに違っている。また、管理料とは別に、『台湾製糖』が日本一の品質と誇る屏東酒精工場で

造った米酒四斗(約七十三リットル)を、税務署の封をしたままの状態で納めていた。ルヴァネヤウ族の場合、補償金だけは国営会社となった『台糖』が引き継ぎ、一九六七年までは毎月三百台湾ドルを頭目に支払っていたそうだ。

恋も生まれた工事現場

二年におよぶ工事が終わる頃になると、原住民の生活は大きく変わった。灌漑水が行きわたるようになると、用水路に沿った農地に移動して耕作をする人々も現れ、水が少なくても育つ粟、芋、ピーナッツに代わってイネを植えるようになった。いったん米の味が広まると、粟や芋やピーナッツは休耕期の作物にとって変わった。

伝統的な物々交換がすたれて、貨幣経済が広まったのも大きな変化だ。現金の意味がわかってくると総督府の移動交易所を利用する村人が増え、狩猟で獲物が捕れても捕れなくても、豚肉や調味料や野菜を購入するようになった。交易所で人気の商品は釘や針、農具やナイフや布だった。

中には手提げ金庫を買ったり、郵便貯金に励む人も現れて、日本人が行った工事は、近代科学だけでなく近代的な生活様式や経済観念を原住民に広げるきっかけとなった。サングさんはそのほかにも興味深いことを教えてくれた。

「当時はね、一円銀貨に人気が集まったのよ」

一円が人気？　それはどういうことだろうか？

「一円銀貨はピカピカ光るでしょう？　きれいだから、祭礼用の冠にクマタカの羽根やイノシシの牙、ユキヒョウの毛皮とともに飾りつけたんです」

「そのまま使うのですか？」

「そうよ、今でも祭礼用の冠には、昔の一円を使ってますよ」

これには驚いた。父や祖父から受け継いだ日本統治時代の一円銀貨を冠のお飾りにしているのだから。さっそく十六代目の頭目にお願いして、銀貨付きの冠を見せていただいた。あるある、鳥の羽や動物の毛皮など他のデコレーションとみごとにマッチして、冠の中央で輝いている一円銀貨。「大日本帝国明治四十一年」と刻印されている。

「名誉ある冠だけにこの銀貨を使うんです」

貨幣経済の枠を超えて、部族のファッションにも取り入れられた日本の通貨。そこに私はパイワン族の美意識を見た思いがした。

サングさんは最後に、工事が無事に終わったとき自然発生的に歌われた恋歌を披露してくれた。

「二年間の工事期間中、山のあちこちから若い男女が集まったでしょう、工事現場は、好きな人に巡り会える絶好の場だったんですよ」

だから「二峰圳」の完成を祝う一方で、この工事が永久に続いてほしいと願う内容になっている。明日からはもう会えなくなってしまうと悲しむ男女が、掛け合いで別れの切なさを歌いあげるのだという。

「別れがつらいので、わざと作業を遅らせたり、同じ仕事を繰り返したりしたそうですよ。フッフッ……」

彼女は華やいだ表情のまま、背筋を伸ばしておなかの底からはりのあるのびやかな歌声を出した。私たちは目を閉じて、このどこか懐かしい哀愁を帯びたメロディーを全身で受けとめた。昼下がりの村落に、八十数年前の恋歌が流れる。

男：工事は終わった　さあ祝おう
　でも、また洪水が来てほしい
　愛しい君といっしょにいられるから
女：工事は終わった　さあ祝おう
　でも、もう山には花も草もない。
　綺麗な私を見せるため、花や草を摘んでしまったから

上：日本統治時代の１円銀貨を飾りに使った祭礼用冠
下：パイワン族の女性は、いまも野の花を編み込んで髪を飾る

男：工事は終わった　さあ祝おう
　でも、胸が痛い、愛しい君とは離れればなれ
女：愛しいあなた、またいつか
　会えるまで、忘れないで

丁教授が、帰り道に歌の余韻に浸りながらこう言った。
「あの歌を聴いたら一日の疲れがとけていくようだったな。水のように柔らかな情がこもっていましたね」

ふたつの農場を開墾

一九二三年五月、付属の堤防や排水工事などすべてを終了した。総工費は約六十五万一千五百円にのぼった。当時の日刊紙『台湾日日新報』から物価を拾い上げると、稲穀百斤が五円、鰻丼《うなどん》が七十銭。キャラメル一箱五銭。現在の物価と比較して推測すると、工事費は現在の価格で六億～七億円といったところだろうか。

農地面積二千四百ヘクタールの新農場は「萬隆農場」、地下ダムは佐渡島出身の山本悌二郎の雅号「二峯《にほう》」にちなんで「二峰圳」という名前がつけられ、豊水期（五～十

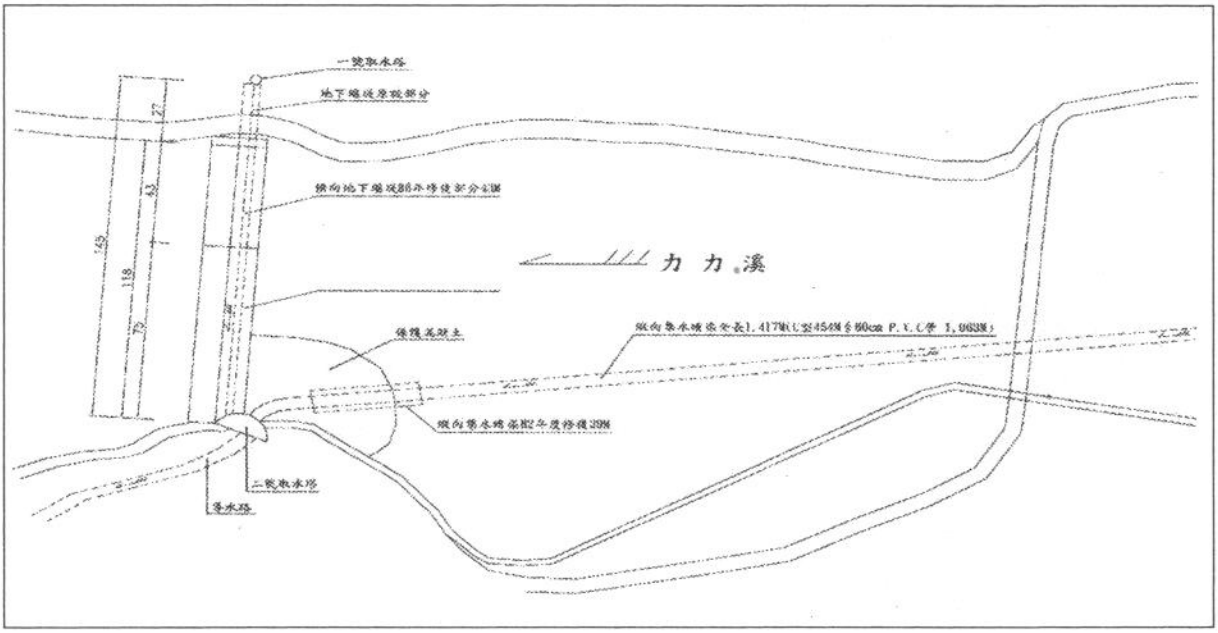

力里渓の地下ダム図（「屏東二峰圳與力里渓水圳」より）

月）には一日あたり約二十五万立方メートル、渇水期（十一〜四月）には約七万立方メートルの農業用水を供給した。

萬隆農場を開設すると、信平は休む間もなく九月から再び農場の開設に取りかかった。こんども放置された荒野を買い取り、林辺渓の支流にあたる力力《りきりき》渓《けい》（現在の力里渓）に堰を埋め、伏流水を取りこんで灌漑する計画だ。こちらの工期は二年半、工事費は約五十五万一千円だ。

この頃から眼病が悪化して信平を悩ませた。結膜炎が引き金になってトラコーマにかかり、書類の細かな数字ががすむ。明るい屋外から室内に入ると、しばらくたっても視力が戻らぬ状態が続いた。「少し疲れが溜まったのだろう」と、気にもとめなかった信平だが、視力が落ちてきたことは認めざるをえなかった。長期にわたって衛生状態の悪い山奥で生活し、紫外線の強い炎天下で仕事をしてきた。工事現場では爆風を数えきれぬほど浴び、夜はランプの煤に目をしばたきながら、設計図を書くなど細かい仕事に従事した。原住民との親交に役だった粟酒も飲みすぎればアルコールが悪い影響を与える。

それでも信平は何かにつかれたように精力的に働き、翌年の一九二四年五月には、農場への導水路を完成させた。萬隆農場の開墾で得た体験を活かし、再び荒れ地と格闘しながら一七〇〇ヘクタールの「大响営農場《だいきようえい》」を一九二六年に開設した。力里渓水圳は、二峰圳と同じ原理を使って造られ、大响営農場を潤した。地下の堰堤の長さは一四五メートル、高さは三・五メートル。導水路の長さは二・九キロメートル、平均の出水量は三千三百万立方メートルだ。農場のある春日郷へと通じる一本道には、当時の水門と導水路がそのままの姿で残り、現在も稼働している様子がよくわかる。ふたつの農場へ原料のサトウキビを運ぶ軽便鉄道を三十二キロメートルにわたって敷設し、工場と畑をつないだ。入植者は本島人だけでなく福建省からの中国人も多かった。入植者の大半は、洪水や日照りによって生活をおびやかされ、土地からはがされ、放り出された農民たちだった。移住者には間口十メートル、奥行き三・六メートルの新築家屋を提供し、一戸について耕作機械と水牛を貸しつけ、十三ヘクタールの農地を与えた。労働不足の際は、常に二、三百人の原住民を、いままで言う契約社員のように雇い入れ、移住者と一緒に働いてもらった。

信平は、作物ごとの用水量を正確に計算して輪作を取り入れ、サトウキビだけでなく稲やサツマイモ、家畜のための緑肥、自家用の野菜を育てるよう指導した。その結果、最初は五十戸、約二百人だった農場の人口はじょじょに増え、二百三十八戸、約七年後には千百四十五人へとふくらんだ。農場を訪れるたびに信平は新しい入植者を勇気づけた。

「諸君、この農場で思い切り励んでくれたまえ。農場が豊かになれば会社もうるおう、村の生活もよくなる、社会が豊かになれば君たちの生活もどんどんよくなるのだ」

製糖会社の入植地ばかりでなく、日本政府は明治時代末期から内地の農民を募集して、多くの官営移民村に送り込んだ。特に、台湾東部の花蓮《かれん》庁の管轄下にあった米作りの吉野村、豊田村、林田村、池上村、サトウキビ栽培の旭、富原、鹿野、敷島などの移民村はよく知られている。日本人の移民村の様子を書いた当時の新聞記事によれば、入村の当日は、まず伝習所に設けてある神棚に誓いをたて、それから国旗掲揚台のもとで東の空を仰ぎ、天皇陛下の聖徳に感謝を述べたという。荒天で作業ができない日は、農事伝習所に集合して指導者から精神的訓話、合理的農業経営法の講話を聞く。作業は毎日午前五時から始まり、昼食をかねた二時間の休憩をとった後、午後六時まで働いた、とある。農場は、自作農に模範を示す上でも意味があり、入植者たちに近代的な農具の扱い方を教えた。『台湾製糖』の農場でも似たような日常が展開していたのではないだろうか。

その頃の信平をかすかな記憶の中にとどめている人物に、台北市でお目にかかった。屏東の名門・藍一族の末裔である藍昭光《らんしょうこう》(78)さんだ。十代前までさかのぼることができる藍家は、祖父の藍高川《こうせん》氏(一八七二～一九四〇)が、一九二一年から台湾総督府の評議会員を勤め、日本政府から藍綬褒章《らんじゅ》を授与されたことでも知られている。

京都大学法学部を卒業した昭光さんは、鶴を思わせるほっそりした体躯に白い髪をたたえ、理知的なまなざしが印象的だ。そのものごしに育ちのよさがにじみでている。彼の父親は京都帝国大学経済学部を卒業後大学院に進んだので、昭光さんは一九三〇年、京都の北白川で生まれた。だが、一九三三年に起きた滝川事件(註・文部省が進歩的な滝川幸辰《たきがわゆきとき》法学部教授を休職処分にしたことから、同学部教官一同の辞職と学生の抗議に発展した)をきっかけに父親は帰台。三歳だった昭光さんは九歳頃まで屏東の実家で過ごした。台湾人がわずかしか入学できない屏東市立栄小学校には三年生まで通った。

上：萬隆農場付近の分水工を視察する山本悌二郎（右）と案内役の鳥居信平
下左：『台湾製糖』が一目置いて相談をしていた藍高川氏
下右：藍昭光さん（左）と兄の小学校時代。遊び仲間は日本人だった彼が覚えているその頃の街の様子は、官公庁と陸軍関係、憲兵隊の建物が整然と並び、陸軍飛行場へ続く一帯は瓦屋根の日本家屋が集まっていた。

「私の家は、栄町（註・現在の屏東市成功路）の二丁目六番地にありました。ちょうど第八連隊の連隊長公邸の前です。付近は佐官クラスの官舎が立ち並び、その子供たちがいつも、我家に遊びにきていました。朝六時を過ぎると、飛行場へ勤務する技術者や職員が続々と自転車に乗って通勤する。あの光景は忘れられませんね」

「『台湾製糖』ですか？　あの会社の工場や社宅は中心地から少し離れた大きな敷地に固まって立っていました。一般の台湾人からすれば、まったくの別世界でした」

実力者だった祖父は、日本の大企業トップと平等に交渉ができる数少ない台湾人だった。製糖会社との関係も深く、会社と農民の間に入って仲介役をすることもあったらしい。

「製糖会社の幹部がしょっちゅう家に来て食事をしていましたから、祖父からトリイさんの名前を聞いたことがあります」

藍家が日本人を接待するときは、コックを呼んで本場の料理を作らせる。信平たちは、自社農地の拡張や灌漑施設の新設のたびに藍家を訪問してはごちそうになり、相談をしていたのだろう。

私はサングさんから工事の話を聞いた帰りに、萬隆農場の事務棟が立っていた場所に立ち寄ってみた。わずかに残る廃屋が草の海におぼれかけている（註・二〇〇八年八月に再訪したときには更地になっていた）。誰にも止められぬ時の流れ。周囲の林からヒグラシの鳴き声が寄せては返す波のように聞こえてくる。分水工の脇に大木がそびえていた。萬隆農場の開設を記念して信平が植樹したマホガニーだ。この大木は、八十数年前の農場のにぎわいを、いまも記憶しているのだろうか（註・残念ながら、この大木は二〇一八年の台風で倒れてしまった）。

日本農学賞を受賞

二峰圳の通水によって乾期でも作物ができるようになったので、収穫量はうなぎのぼりに増えた。サトウキビの収穫高は、それまで一ヘクタールあたり一万～二万斤（約六十～百二十トン）にすぎなかったのに、平均して八万斤（約四十九・六トン）にもなった。萬隆農場全体の数字を大正初期と昭和初期とで比べると、約七十倍に増えている。

信平は、恩師上野博士の教えを念頭において、新しい農場では地下水の排水にも細心の注意を払ってサトウキビの根腐れ病を防いだため、収穫高が順調に増えたうえ、土壌水分をコントロールすると糖分が大きく上昇することがわかった。

信平は、土地の肥沃化についても熱心で、台北帝国大学の教授の協力を得て窒素炭素を増やす微生物の研究も行った。そのため、内地から新聞記者や研究者が大勢その意見を聞きにくるようになり、ふたつの農場の見学者は年々増えた。

農事部長に昇進していた信平に案内されて、内地の記者が見学したときのことが、糖業の業界紙に出ているので、紹介する。


その日、『台湾製糖』の社員三人と車で萬隆農場へ向かった記者。屏東平原を土埃を上げながら進むうち、運転役の社員にこう言われた。

「ここはもう蕃地です。あれが生蕃です、やってくるでしょう？」

その方向を眺めると、遠くからパイワン族の若者たちが珍しそうに自動車を見つめていた。

「生蕃は、東京の人の首が欲しいんだそうです、それ来ました」

と信平はちゃかす。彼らと目のあった記者は、汗をぬぐいながら負け惜しみを言う。

「なーに、首は東京に居た方が切られがちですよ」

「こんなとき東京の人はうんといじめておかんと」と別の社員が応じる。

ようやく萬隆農場に到着すると、記者は「毒蛇の住むこの荒れ地をよくもこれだけ開墾したものだ……」と舌を巻く。荒れ地にいきなり現れた緑の畑を前にして、農場計画が発表されたとき、あまりにも無茶だ、と世間から攻撃を受けたことを思い出し、信平たちの努力に「感慨能《あた》わずと頭をたれた」。そして、銀座のカフェーで角砂糖を入れ、コーヒーを飲んでいるモダンボーイたちに、この苦労を見せてやりたいと、その印象記を結んでいる。

『台湾製糖』が他の製糖会社に先駆けて自社農場の開墾や灌漑工事に意欲的に取り組めたのは、トップに先見の明と決断力があったことも大きい。特に、ドイツのライプチヒ大学で農業土木を専攻し、現場のこともよくわかる山本悌二郎は後に農林大臣を二度も務めたほどの異才だった。彼のもとで工事を担当した信平は幸運であった。

一九二二年に東京上野で開催された平和記念東京博覧会に『台湾製糖』が出品した砂糖は名誉大賞に輝いたが、そればかりではなく、土地改良部門に出品した事業報告が金牌を受賞した。農地の改良に取り組んできた信平たちの努力が評価されたわけである。

〝大面積の耕地に亘り学術を応用して適切なる計画を立て、其の成績（甘蔗作の増収）を挙げたるものにして、産業上に及ぼしたる功績著大なりとす〟という受賞理由のとおり、土地改良事業は会社の発展と地域住民の生活向上に大きく貢献したのだった。

『台湾製糖』は、こうした土地改良の成果を「模範的甘蔗農法を行って地方農民を指導」し、「当初から農民との共存共栄を図った」と誇らしげに社史につづっている。

二峰圳のように、伏流水をこのように大規模利用した灌漑は例がなく、きわめて斬《ざん》新《しん》な試みだったため、〝南部台湾開拓史の一新紀元〟（『台湾糖業全誌』大正十四～十五年期）、〝地下水利用法としては本島に於ける嚆矢《こうし》のもの〟（『国民新聞』大正十二年七月二十五日付け）と絶賛された。信平は林辺渓をあたかも生き物のようにとらえ、川固有の在り方を壊すことなく、伏流水の性質を科学的に分析研究して灌漑施設を造ったのである。昨今の日本は、世界に環境技術大国として認められているが、まさにそれを予感させるような発想だった。

一九三六年、二峰圳の建設と土地改良の成果をまとめた論文に対し、鳥居信平は農業土木技師として初めて日本農学賞を受賞した。このとき学生だった鉄也さんは母親のまさと一緒に受賞記念の講演を聴きに行った。

「何もわからぬままに出かけました。大勢の方が出席してとても盛大な会だったことは覚えております」

後日、鉄也さんが父親から聞いたところによれば、論文を学会に提出して、ぜひ学位を取るように周囲はすすめたそうだ。

「しかし、父は、会社の仕事としてやったことだからと固辞したのです。父にはそういう潔癖さというか、まっすぐなところがありました。いま、父の論文を読んでみても間違いなく学位は取れただろうと思います」

彼が萬隆、大响営農場を手がけ、土地改良の第一人者としての評価が高まった時期に、業界誌に発表した文章が興味深い。彼は、長年土地とともに生きてきた老農の体験こそ、学ぶべきものが多いと謙虚に記している。信平の飾らぬ人柄が表れているようだ。

　今日ある糖業は、過去に於いて幾多の考案、それに伴ふ幾多の犠牲があった筈であり、貴重なる体験にして、今日猶《なお》学ぶ可きものが少なくないと信ずるのである。蔗作奨励に対し、老農に就て教へられる事があるが、幼稚なる旧式糖廠時代に於てすら、夫々《それぞれ》業主はよい経験を持って居た。それは多年苦心の結果であって、一朝一夕にして着眼さる可きものではない。（中略）古老の説には時に錯覚もあるかも知れぬ。然し少なくとも実験的知識に豊富であるから、十分傾聴しなくてはなるまい。之と同時に、台湾的糖業の文献に就いても学ばなければならない。

（『糖業』昭和五年三月号）

土地改良の権威となった信平のもとには、内外から土壌調査の依頼が舞い込んだ。その中には、まさの妹の夫の、当時中国青島《チンタオ》の守備司令官を務めていた井出《いで》源太郎《げんたろう》大佐の紹介で、青島ビールの原料ホップを栽培する会社からのものもあった。

地道な調査とひらめき

何度か二峰圳への旅を続けるうち、元明治大学教授の山本光男《てるお》（81）さんと、現場でお目にかかることができた。台湾にたくさんの教え子がいる山本さんは、「台湾で〝水遊び〟をしているだけ」などと冗談めかして言うが、いまも台湾の経済部水利規格試験所の技術顧問を務めている。

「教え子はみんな偉くなっているので、君たちがよく考えてやればいい、と言いに来るだけなんですよ」

作家の司馬遼太郎そっくりの白髪をきれいに整えた山本さんは、ひょうひょうとした物言いが持ち前だが、こと二峰圳となると熱くなる。数年前に初めて訪れたとき、衝撃を受けたと声を強めた。

「こんなダムが、大正時代に造られていたとは知りませんでした。何もない時代によくぞここまで設計したと、ほんとうにびっくりだ、いや、驚きました」

さらに山本さんは言葉を続ける。

「余分な水を自動的に排水路へ流す横越流式余水吐《よこえつりゅうしきよすいばけ》といい、満水時の水門の開閉システムといい、よくできているのです。効率よく経済的に運用できるよう、細かい工夫がされています」

いまから八十数年前、南台湾の奥地で地道に続けた工事は、政府主導の大型公共工事とは根本的に違う。経済効率を考え、創意工夫を重ね、原住民と宥和《ゆうわ》し、工期を守らなければ、民間の仕事としては成立しなかった。山本さんは、一九九〇年代に新しい水工法特許を日本で申請した。

「しかし、一部のアイディアは、すでに鳥居信平が八十数年前に行っていた」と苦笑する。

山本さんが強調する信平の仕事の素晴らしさは、数年も続けた地道な調査である。

「渇水期の伏流水の流速を、毎秒一・二一センチと正確に測ったんですよ。今なら流速計がありますし、放射性物質も使いますから数値は簡単に出る。しかし、あの当時は何もない。そこで信平はウラニンという色素を使って計測したのです。上流に色素を入れて下流まで流れてくる時間と距離を計測して流速を出したのでしょう」

流速に面積をかけると流量が出る。伏流水の流量を正確につかんだことで、毎秒どれだけの水が通過するかわかり、みごとなすのこ状堰堤の設計ができあがった。乾期と雨期と、まったく表情の違う林辺渓に沿って山を歩き、たくさんのデータを集め、コンピューターもない時代に統計学的に解析して設計図をつくるのは、神業に近いとしか思えない。

「独創的なアイディアは、科学的な調査と信念がしっかりなければ、わいてきませんと山本さん。

日本の地下水学の権威であり、丁教授と互いの研究を通して交流のある秋田大学の肥田《ひだ》登《のぼる》名誉教授も、信平の緻密な調査に脱帽する。

「林辺渓周辺の降雨量と川に流れ込む水量の関係を知るために、二年もかけて基礎

用水路は、飲料用と灌漑用に水が自然に分かれるように設計されている

データを集めていますね。データを統計確率的に駆使して流速のほか、伏流水の勾配の数値を割り出した。これは大変な作業です、よくぞやりとげたと感心します」

このように評価した後、二峰圳の特徴を次のように指摘する。

「あの地下ダムは、人工涵養というアイディアにつながっている点が秀逸です」

肥田教授は、数年前に現地を訪れたとき、川床に設けた地下堰堤によって溜まった水が、人工の涵養池と同じように働き、川床に浸み込んだ水が、濾過されながら溜まることを知って、ユニークな工法に感心した。

「乾期や雨期に関係なく、大量の水をいつも確保できるのは、伏流水に目をつけて、多くの澄んだ水を取り込む設計にしてあるからです」

二峰圳は、単に川の水を堰き止めて伏流水をつくり出すだけではなかった。川床に浸み込んだ水を濾過しながら四方から取り込んでいた。水の性質と本来持っている力を利用したロハスな設計だったからこそ、現代によみがえったのである。もともとは『台湾製糖』という一企業の利益誘導のために造られたとはいえ、社外地の農民の畑にも灌漑水を送り、清潔な飲料水を確保したこと、サトウキビの増産と同時に、農民たちに米作や雑作による恩恵を与えていたこと、近代的な農業を教え伝えたことが、地元に恩恵をもたらしたと評価されている点だ。

嘉南大圳より早い輪作導入

台湾と縁の深いもうひとりの水利専門家の意見をご紹介しよう。台北一中に学んだ鉄也さんの後輩にあたる東京農業大学元教授の高須《たかす》俊行《としゆき》（85）さんである。国立屏東科技大学の丁教授が二〇〇四年に来日した際、鉄也さんに連絡を取った高須さん。彼は台北一中の同窓会名簿に鳥居鉄也さんの名前が載っていることを思い出し、「まさかと思ったが名字が同じなので」いちおう電話をしてみたところ、信平の子息その人だった。

高須さんは、戦前の台北帝国大学の農業土木科で学んでいた頃、実習で林辺渓を訪れている。一九三八年に着任した元農林技師の牧隆泰《まきたかやす》教授は実習授業に熱心で、学生たちを連れて積極的に各地の施設をまわったという。

「土木科の学生なら、台南州にある八田與一が造った烏山頭《うざんとう》ダムと、『台湾製糖』の萬隆農場は必ず見学したものです」

烏山頭時代の八田與一 一家

大学三年生だった高須さんは、水源を伏流水に求めた斬新な計画、大区画農場の整備、輪作に必要な水量を詳細に調査していることに強く感銘を受けたと話す。

「サトウキビ、イネ、芋などの作物にそれぞれ必要な水量を数値化した点は、鳥居信平の大きな功績です。当時まだ台湾では研究されていなかった輪作体系と作物の用水量について、実施状況、現地試験、現地の土壌や気象を勘案して、具体的な数値をはじきだしたのですからね」

用水量は、作付け面積や作物の収穫高を左右する。信平は、『台湾製糖』が創業以来実行してきた灌漑と作付けに関する膨大なデータと、彼自身が一九一二年から調べた各種のデータをつきあわせて、用水量を科学的にはじきだした。

このような作業をしたのも、新しい農場に移住してくる農民がサトウキビを栽培しながら自分たちの米を自給自足できるように配慮したためである。信平は農場の設計段階から、乾期にはサトウキビ畑、雨期には水田へ、余った水は雑作用の畑にまわすよう分水工を設けて、二年及び三年輪作を取り入れたのだった。

輪作自体は清代末期から行われていたが、彼が算出した正確な用水量が、その後、台湾で行われた灌漑工事計画の基礎になったことは間違いない。信平が実施した輪作法を、さらに大規模に、綿密に、組織的に実現し、嘉南平野に網の目のような水路を完成させたのが、総督府土木局技師を務めていた八田與一だった。彼の功績やドラマチックな一生については多くの書籍が出版され、戯曲やアニメーション映画にもなっているので、ここでは多くを語らない。

八田與一は一九一七年から予定地の調査を始め、一九一九年に烏山頭ダムの工事にとりかかった。彼は、総督府も仰天するほどの大規模な計画を、強い信念とリーダー

嘉南水利組合が算出した需給水量の関係表（単位は百万立方尺）

月次	供給水量（遞加）	需要水量（遞加）	残量	全水	貯水池残量
五月	二三四一・一		二三四一・一		二三四一・一
六月	四〇三六・九	二三三・〇	三八〇三・九		三八〇三・九
七月	七二二七・一	四八九三・〇	二三三四・一		二三三四・一
八月	一一四三四・一	六〇九三・〇	五三四一・一		五三四一・一
九月	一二八二七・九	一〇九四三・〇	一八八四・九		一八八四・九
十月	一四三四五・五	一〇九四三・〇	三四〇二・五		三四〇二・五
十一月	一四九二〇・三	一一八一三・〇	三一〇七・三		三一〇七・三
十二月	一五三五二・〇	一二六八三・〇	二六六九・〇		二六六九・〇
一月	一五六三三・九	一三五五三・〇	二〇八〇・九		二〇八〇・九
二月	一五八四〇・九	一四四二三・〇	一四一七・九		一四一七・九
三月	一五九七四・三	一五二九三・〇	六八一・三		六八一・三
四月	一六六六九・七	一六一六三・〇	五〇六・七		五〇六・七

シップ、粘り強い交渉で実現した。途中、泥土や石油の噴出、ガス爆発による落盤など想定外の事故が相つぎ、当初の予定より四年も遅れたが、一九三〇年に完成させた。

八田與一が設計したセミ・ハイドロリック・フィル（註・半水成式工法・コンクリートではなしに、玉石や砂利、粘土を多用して大堰堤をつくる）方式を採用した東洋一の烏山頭ダムの排水トンネルは、丹那《たんな》トンネルよりも大きく、用水路の総延長は一万六千キロメートル、灌漑した土地は四国の香川県に相当するというから、前代未聞の工事の規模がわかろうというものだ。総工費は二峰圳の約八十倍の五千五百四十五万九千円。そのうち約半分が国庫補助、残りは嘉南大圳組合が負担した。

巨大なダムを造って確保した水は約五万ヘクタール分だったにもかかわらず、十五万ヘクタールの豊饒な農地が生まれたのは、官佃《かんでん》渓を水源とする本線（北港渓以南）と濁水渓を水源とする支線（北港渓以北）との水路系統に従って、約百五十ヘクタール単位の輪作区に分け、各区をサトウキビ、米、雑作（緑肥やイモなど）用にさらに三等分して、一年ごとに順番に作付けして灌漑したからである。計画を立てるにあたり、八田與一は信平が担当した土地改良工事の資料を取り寄せ、目を通していたと思われる。

八田與一が三年輪作を取り入れたのは、「自分だけよければ他人はどうでも良いという観念ではない。十五万甲歩（ヘクタール）を全部よくしようと言うのが基本的な考え方」だったからと、当時の府関係者が語っている。（昭和十七年・八田與一氏を偲ぶ座談会より）

米とサトウキビの競合から、一時は三年輪作を危ぶむ声もあがったが、限りある水を効率よく利用する輪作は戦後の台湾でもすっかり定着し、独特の「輪流《りんりゅう》灌漑方式」が普及している。

米とサトウキビのせめぎあい

嘉南大圳は、その規模や工期や工事費、どれをとっても前代未聞の大型公共工事だった。そのため、運営後の影響は各方面にわたった。台湾にある十一の製糖会社のうち、五つが多額の出資金を出していたが、地主や小作人も工事費の一部を負担して組合に参加していたので、利害が複雑にからみ、それぞれの思惑が動いていた。

〝南糖北米〟と言われたように、台湾では北部の稲作と南部の蔗作が互いに競い、刺激し合い、ときには牽制し合って発展してきた。水利組合の試算によれば、嘉南大圳が完成したあかつきには、米とサトウキビの生産量はともに増え、米が四十六万石、砂糖が二百四十万トンの増産になるというもくろみだった。あくまでも「三年輪作」

という大原則のもとにはじき出した数字である。しかし、いざ通水してみると少々雲行きが怪しくなってきた。

というのも、組合に出資している地主たちにしてみれば、自分たちや小作人の作りたいものを栽培したいという気持ちが強かったからだ。三年輪作をすれば、自分たちの食料（米、サツマイモ、小麦、豆など）が不足してしまうと小作人たちは不安を口にした。台湾では、伝統的にサトウキビは畑作に限られ、水田を使って栽培することはなじみが薄かったので、製糖会社を保護するための三年輪作ではないかという不満と誤解が地主たちの間ではくすぶっていたようだ。

ちょうどその頃、サトウキビに比べて米の買い上げ価格が高くなり、通水後は水稲作が予想外の利益を生んだ。それに比べて甘蔗作はあまり成果が上がらず、場所によっては収穫率が低下したところも出たほどだった。さらに、画期的な新品種「蓬莱《ほうらい》米《まい》」の作付けに人気が出たため、農民たちは蔗作よりも米作に気持ちが大きく傾いてしまった。こうした状況が地主たちを勢いづけたのか、一九二八年の組合法改正で、甘蔗米作雑作の三年輪作が撤回されるという〝騒動〟が起きた。糖業界の業界誌『新糖業読本』（台湾糖業研究会刊）には、この原則破りに噛みつく記事が載っている。

ややこしいが、ちょっとがまんして次の文章を読んでみていただきたい。

第二十九条の二　前条の土地は水路系統に依り之を区画す、前項の各区毎年の給水量は其区画の三分の一の地域に夏季単期水稲作三分の一の地域に甘蔗作を行うに必要なる程度とす、但し第三十条第一項第一号前段の工事を施行せざる部分は此の限りに在らず。給水区画、給水時期及分配水量は管理者之を定む。

よござんすか。皆さん、『夏季単期水稲作』とあるを『田作』と修正し『甘蔗作』とあるを『畑作』と訂正したのである。此がすなはち原則破りの曰く困難であります。

（『新製糖読本』より）

こんな改正法では、水稲作奨励のために多額の組合費を出したことになってしまう。これで文句が出なければどうかしていると、製糖業界は不満を露わにしている。新聞も次のように報じた。

「農民は米が有利と見れば年二回の水稲作に走って甘蔗作を顧みないことになるのは明かで、その結果水稲作二回分に対する給水量に不足するが如きことあれば甘蔗作に対する給水量まで水稲作に廻すこととなり或は耕地に灌漑用井戸を掘るとか、盗水などをしでかすことにならんとも限らぬ、斯くて甘蔗の作附は激減して事実上大圳と製糖会社とは絶縁状態に陥ることになるのが落ちであると云ったような不安が起るのである」

（『台湾日日新報』一九二八年五〜六月の連載記事より）

かくして嘉南大圳の完成は、製糖業界を大きく揺り動かした。後に台湾のナショナルブランドとなる「蓬莱米」の登場で、製糖業界は発奮し、米作に負けぬよう高品質な品種を投入してしのぎをけずったことが、互いによい結果を生んだものの、「蓬莱米」の導入によって、しだいに嘉南大圳は台湾一の穀倉地帯としてその名を馳せるようになった。その裏で米作と蔗作のせめぎあいが起こっていたことは興味深い。

信平を突き動かしたものは？

「戦前の日本人はよくやってくれた」という台湾のお年寄りたちの言葉どおり、鳥居信平にしても八田與一にしても、よくぞ艱難辛苦の多い仕事を貫徹したものだ。いまと違って人生六十年、子供たちも十歳になれば一人前の扱いをされた時代とはいえ、三十代の若さで偉業を成しとげたことに、改めて先人の努力と気概を見る思いがする。一九〇〇年代、南台湾の奥地に赴任することは、何をするにせよ命がけだった。いくらサトウキビの増産や自社農地の拡大という社命があったとはいえ、何が信平を突き動かしていたのか？

実は台湾での取材中、若い人たちに一番尋ねられたのがこのことだった。国立屏東科技大学の研究生たちは、『台湾製糖』の増産計画が何よりも強いモチベーションになったはずという。

「二峰圳の建造目的は、あくまでも農場経営の促進と砂糖生産の増加です。用水路を造ったことで農地の改良も合わせて行った。もともとは台湾の住民の生活や台湾の環境、産業の発展に基づいて計画されたものではなかったんですよ」

統治されていた台湾人の視点からすれば、戦前の大企業は日本の国策に基づき台湾を生産基地とし、経済的に搾取《さくしゅ》したとなる。彼らの解釈は私にも理解できる。しかし、植民地という枠があったにせよ、『台湾製糖』は、創業以来日本人と台湾人の同化、会社と耕作者との親善、共栄を方針とした宥和政策を実行してきた組織だった。意外に思う方もおられるだろうが、そのことは日本人の元関係者の証言や戦前の資料から伝わってくる。

屏東県の県長秘書を勤める曽美玲《そびれい》さん（35）も首をかしげた。

「信平を突き動かしたものは会社への忠誠心ですか？　日本人はそれがとても強いと聞いています」

確かに会社への忠誠心は強かったろう。しかし現代の会社員とは違って、彼らは国家百年の計をふまえて、公の利益を考えて仕事をしていた。熱心な仏教徒だった八田與一が、民衆の立場に立った工事を心がけたと言われるように、土木事業や水利事業に従事した技師たちは、だれもが公益や使命感、人類愛の精神をもって困難な仕事に立ち向かっている。

鳥居信平に関してひとことつけ加えれば、袋井市の原田英之《はらだひでゆき》市長が指摘するように、報徳の精神が多少関係していたのかもしれない。報徳運動とは、小田原出身の農学者二宮尊徳が掲げた思想をもとにした道徳運動のことである。人間としてのまことの道は、世の中のためになることをまず実行すること。村や社会が豊かになれば、個人の幸せにもつながり、心も豊かになるという教えだ。「報徳社」のある掛川、愛野、袋井一帯の農民は、昔から尊徳の教える質素、倹約、至誠の生活を心がけてきた。子供時代から信平も家庭や地域の教えとしてなじんでいたろうし、農業土木の専門家として二宮尊徳を尊敬していたことはありえぬ話ではない。農民の幸せや公益を優先する報徳運動の教えは、信平を通じて二峰圳にも息づいていると思いたい。

もうひとつ、私が注目したいのは当時の台湾に送り込まれたリーダーたちの資質である。どんなに若い優秀な人材がいても、彼らを引き立て、現場で十二分に能力を発揮させる上司がいなければ何も始まらない。正しい信念と決断力があり、未来に向けたグランドデザインが描ける上司のもとでこそ、若い才能が花開く。

戦前の台湾社会には、「植民地としての負の部分もたくさんあった」が、「多くの日本人が、台湾のために献身的に働いてくれた」と、いまもお年寄りが評価するような部分もあったのである。それは、官民問わず優れた人材が台湾に集まり、高い理想と科学の心をもって国造りを実践躬行した証しだ。実際、民政長官時代を振り返った後藤新平が、台湾経営の成功の理由を聞かれて「優秀な技術者を重く挙げ用いた結果」と明言している。

この言葉どおり、領台当初から各地の帝国大学を卒業したエリートが官吏《かんり》や技師・研究者となって続々と渡ってきた。彼らが卒業した旧制高校や帝国大学では、専門知識だけでなく、愛国心にあふれ、高尚な精神を持つ指導者が育つように教育が行われ、私利私欲を排して公益に尽くす気概や国造りの大志を教え込んでいた。そればかりではない、中国からの古典や日本伝統の武士道精神を組み合わせ、信義、勇気、仁、克《こっ》己《き》心《しん》、礼節といった道徳教育も怠らなかった。台湾に多くの人材を送った札幌農学校（註・後の北海道帝国大学）もしかり。クラーク校長はあるとき、黒田清隆《くろだきよたか》開発長官に「校則は必要ない。Be Gentleman で十分である」と言った。「紳士たれ」。この言葉には、理論や信条を並べ立てるより、紳士としての行いを自分で考え行動で示せ、という博士のメッセージがこめられている。

クラーク博士の薫陶《くんとう》を受けて札幌農学校を卒業し、後に日本を代表する偉人になったと言えば、内村鑑三《うちむらかんぞう》や新渡戸稲造がすぐに浮かぶけれど、彼らの同期生に、小樽港を造築し、東京帝国大学の土木工学科教授になった廣井勇《ひろいいさみ》（一八六二～一九二八）がいる。あの八田與一も、パナマ運河の建設に唯一日本人技師として参加した青山士《あおやまあきら》（一八七八～一九六三）も、中朝国境の鴨緑江《おうりょっこう》に一九三七年に着工した巨大な「水豊ダム」（貯水量七十六億立方メートル）を完成させた久保田豊《くぼたゆたか》（一八九〇～一九八六）も、廣井教授の教え子なのだ。

少し話がそれるが、「水豊ダム」も満州国（現在の吉林省）松花江《しょうかこう》の「豊満ダム」も、当時の技術からすれば世界最高のレベルといえよう。久保田豊技師は、ちょうど鳥居信平が台湾へ渡った年に東京帝国大学土木工学科を卒業した。戦後はコンサルタント会社『日本工営』の社長となり、ヴェトナム・ラオス・インドネシア・韓国・南米・アフリカ諸国の電源開発や農業水利のコンサルタントとして広く国際的に活躍したエンジニアだ。

だが、彼の造った「水豊ダム」は、植民地主義の影の部分である強制労働や強制連行による犠牲者数ばかり強調されてしまって、巨大なプロジェクトにかけた技師たちの情熱や完成後の恩恵などはほとんど語られていない。ましてや、中国や北朝鮮で日本人が設計施工したことをどれほどの人々が知っているのだろうか？　戦後は中国や朝鮮半島の政府の方針もあり、統治時代の光の部分まで封印されてしまっている。農民の立場に立って素晴らしい仕事をした技師や学者は数多くいたのに、彼らの仕事が現地で正当に評価されないのは残念なことである。

それに比べると、日本統治時代の台湾で活躍した日本人については、日台双方の努力によってかなり知られてきた。日本人が知らぬ日本人が台湾で顕彰されたり、土地の神様になっていたりする。八田與一にいたっては、毎年五月八日の命日にダム湖のほとりに日台の関係者が集まり、故人を偲び、いまも感謝を捧げている。後世に歴史を伝えていくのは、こうした民衆の口伝力だ。「名もない多くの日本人が、献身的に働いてくれた」という台湾のお年寄りの口癖が、無名の人々を発掘する大きな手がかりになっている。それでも戦前の大東亜圏には、鳥居信平のような民間人が、まだまだたくさん歴史の中に埋まっているが……。

第四章

父と子の台湾

「ふるさと」屏東での暮らし

「ふるさと」とは、その人が生まれ育った土地、またはその人にとって馴染みの深い、愛着のある土地をさす。鳥居信平の長女すみ江《え》さん、長男鉄也さん、次女の峰子《みねこ》さんにとっては、自分たちが生まれた台湾こそがふるさとであり、愛着の強い土地であろう。

彼らが生まれ育ったのは屏東街帰来八百七十三番地（註・後に竹園《たけぞの》町と改名）。そう、『台湾製糖』の本社と社宅が建っていた場所である。

社宅は広大な製糖工場と隣り合わせの一角で、周囲をぐるりと掘割が囲み、熱帯の樹木が植えられていた。敷地内は碁盤の目のように区画され、整然と大小の一軒家が並んでいた。入り口付近には警備員室があり、社宅の家並みが始まる脇に購買部と医務室と理髪室、公衆浴場があった。独身寮のそばには二面のテニスコート、武徳殿、

『台湾製糖』の重役用社宅は、敷地が300～500坪近くあった

奥には野球場も備わっていた。工場や畑もあわせれば一万二千ヘクタール（東京ドームおよそ二千五百個分）もある広い敷地だったから、社員の子供は遊び場にこと欠かなかった。学校から帰ると男の子は、運動場のまわりか裏手のサトウキビ畑で戦争ごっこをしたり、小川へフナ釣りに出かけた。女の子は庭にござを広げ、おままごとをしたり運動場で鬼ごっこをしたり、みんなそれはよく遊んだ。東京から児童映画や教育映画、娯楽映画などが届くと野外上映会が催され、子供たちばかりか大人にとっても一番の楽しみになっていた。

「製糖会社の社宅は市街地から隔離されていましたから、言うなれば租《そ》界地《かいち》みたいなものでした。おそらく疫病の予防など衛生面の配慮と治安対策からそうしたんでしょう。僕らは毎日社宅の門を出て市内にある小学校へ通い、下校してからはほとんど社宅の中で遊んでいました」

こう話すのは、小学校六年生まで、鳥居一家と同じように屏東の社宅で過ごした筧《かけひ》秀夫《ひでお》さんだ。父親はすでに何度か著書をご紹介した元重役の筧干城夫。一九一二年に東京帝国大学独法科を卒業して『台湾製糖』に入社。技術畑の鳥居信平とは違い一貫して事務畑で活躍し、信平が勇退した後に常務取締役に昇格した。

「鳥居さんご一家は、社宅の中でも大きな家に住んでおられました。うちの少し先の角地でしたからよくおぼえています」

秀夫さんが記憶するように、鳥居家が使っていた社宅の敷地は五百坪ほどあり部屋数が多かった。信平は自分が留守がちなこともあり、郷里から連れてきたお手伝いさんと台湾人の書生を家族とともに住まわせていた。

「視察にやってくるＶＩＰが旅館代わりに使ったり、若い社員が集まって、しょっちゅうマージャンをしていたのをおぼえています。おふくろは世話好きでしたからね」（鉄也さん）

なぜ『台湾製糖』に皇族や政府高官や実業家が視察にやってきたかといえば、東洋随一の規模を誇る製糖会社であり、本社の敷地に「瑞竹《ずいちく》」と呼ばれた昭和天皇ゆかり

瑞竹の前で記念撮影をする信平（中央）と鉄也さん

の竹が茂っていたからだ。一九二三（大正十二）年、大正天皇の摂政の宮を務めていた当時の皇太子が台湾を行啓《ぎょうけい》。『台湾製糖』を視察したとき、この日のために造った休憩所の竹製のベンチから、新芽が出ているのを見つけた。竹材として切り出してからすでに四十数日も経つというのに、力強く新芽を出した蔴竹《まちく》の生命力に、皇太子はたいそう関心を示したのだった。社員一同でその芽を大切に育てたところ、みごとに若竹に成長した。一年後には記念碑を建て、「瑞竹」の由来を彫り込んで行啓記念とした。皇太子に同行した東宮の侍従長が、すくすくと育っている竹の報告を受けて感動し、一首詠んだのが以下の句である。

日の御子のさかえますらむ行く末を
　はやしとなれる竹にみるかな

「瑞竹」のエピソードは新聞でも大きく取り上げられ、小学校や公学校（註・台湾人児童のための小学校。日本人児童は小学校に通った）の教科書にも載ったため、すっかり台湾名所のひとつになった。そのため、日本の各地からやってくるVIPや記者は、まず瑞竹の前で記念撮影をし、それから製糖工場の見学へ向かうことが習わしとなった。

味覚に残る幼年時代

都内の高齢者用介護マンションで悠々自適の生活を送っている貝島峰子さん（87）は、鉄也さんより三歳年下。信平が三十八歳のときに授かった女の子だ。兄の鉄也さんよりも切れ長の目元が信平に似ている。ウェーブのかかった豊かな白髪とはきはきした物言いのせいか、年齢よりも若く見える。

彼女の幼少時代の記憶は、鉄也さん同様に屏東での社宅生活に結びついていた。

「庭がものすごく大きかったですね。裏庭もまた広くてね、そこにたくさんの果物の

皇太子は『台湾製糖』の農地や工場をくまなく見学した

樹があって、たわわに実がなるんです。もう取り放題でした」

「パイナップルやパパイヤもありました。それも一年中果物が熟しているの。毎日一番美味しいところを食べていたから、日本で売っているバナナやマンゴーはいまだに手が出ないわ、だって香りも甘さも全然違いますもの」

峰子さんの記憶によれば、信平は子供たちをよく原住民の村へ見学に連れて行った。頭目の家でごちそうになったべっ甲色に輝くパイナップルの、薫《かお》り高さとしびれるような甘さ……。

「今もはっきりとおぼえております」

台湾人のお手伝いさんが作ってくれたビーフンの旨さも忘れがたい。

「我が家では和食が中心でしたが、お手伝いさんが作るビーフンは特別でした。日本へ戻ってから、美味しいと言われる料理店で食べてみたけれど、いまだにあんな美味しいビーフンにはお目にかかったことがないわね。母も同じことを言っていました」

幼い頃に刻印された味覚は、何であれ、絶対的で永遠のものとなり特別な思い出を喚起する。

各住宅の庭には珍しい南洋の植物や果樹が植えられ極彩色の鳥や蝶が飛び交って、楽園のような美しさにあふれていた。

「でも、ひとつだけ嫌なことがありました」と鉄也さん。

「ヘビが出るんですよ、それもけっこう大きいのや猛毒のあるやつが……」

「先生は、ヘビが苦手でいらっしゃる?」と私。

「あれはダメです、からきしダメです」と鉄也さん。

特に、サトウキビの刈り取りの頃や台風の直後になると、どこからともなくヘビが部屋の中へ入ってくる。毎年繰り返す騒動だから、峰子さんも覚えている。

「庭の敷石のところには、大きなニシキヘビが住みついていました。このヘビもときどき部屋に入ってきました。そのたびに兄は逃げまわって、台湾人のお手伝いさんに追い出してもらっていました。見かけによらず気が小さいんですよ」

噛まれたら百歩も歩かないうちに死んでしまうと恐れられていた百歩蛇《ひゃっぽだ》が、押し入れでとぐろを巻いていたことも一度あったという。

戦前の『台湾製糖』の敷地は、戦後国営会社の『台糖』がそのまま引き継いだものの、糖業の廃止とともにすっかり様子が変わってしまった。帰来街八百七十三番地がどこにあたるのかだけでも知りたくて、屏東県の県議や『台糖』の元役員に探してもらったが、正確な場所はわからずじまいだった。日本人向きに造られた社宅は、戦後に『台湾製糖』を接収した中国人にとっては使い勝手が悪かったのだろう。老朽化が進んだことも手伝って、ほとんどは一九五〇年代に取り壊され、商業地になったり中国式の家やアパートが建てられた。おそらく現在の屏東教育大学の正門の真向かいの一角が、鳥居一家が住んでいた場所だろうといわれ、周囲を車でまわってみた。帰来という地名は残ってはいても、ビルや商店がびっしりと立っているので、昔の面影はまったくない。

「八十数年前のこととなるとねえ、もう誰もわからないですよ」

十八歳から工場に勤め、戦前と戦後の現場を知る元社員の鐘勲興《しょうきんこう》（82）さんは、自宅の前に残る空き地を見ながらつぶやいた。その場所には『台湾製糖』時代の事務棟が建っていたのだが……。それでも、峰子さんが一九七〇年代に戦後初めて生まれ故郷の屏東市に帰ったときは、かろうじて社宅の一部が残っていた。

「購買部のあたりはそのままでした。いっぺんに思い出があふれてきて、もう胸がいっぱいになって。言葉が出ないんです」

卒業四十周年を祝う屏東女学校の同窓会に参加した彼女を、台湾の同級生は大歓迎し、ともに少女時代の輝きを取り戻して数日間を過ごしたのだった。

ダンディーだった素顔の信平

屏東での生活は、母親のまさを中心に動いていた。一年のほとんどを林辺渓の工事現場で過ごしていた信平が社宅に戻るのは、年に数回だけ。

「ものごころがついたときから、父はほとんど家にいませんでした。友だちとケンカをすると、おまえの父親には蕃人の嫁さんがいるとからかわれましてね。子供のへらず口に母はひどく怒っておりました」（鉄也さん）

まさが気にしたのも無理からぬこと。社宅生活ともなれば、あらぬ噂が独り歩きすることもある。

「母は無口な父と違って、しつけにはとてもうるさい人でした。どんな暑い日でも和

服をきちんと着ておりました。武家の家柄というプライドがあったんでしょう」（峰子さん）

三味線や茶道、詩吟、鎌倉彫などけいこごとが大好きだったまさは、原住民たちの福利厚生について会社から相談を受けたとき、ロンガンの木材を使って鎌倉彫を教えれば彫刻の技も身につくだろうし、作品を売れば現金収入につながると提案をした。まさのアイディアはさっそく実行され、原住民たちが作ったお盆や小物の作品が、ときどき鳥居家にも届いたという。

まさは、すみ江さんや峰子さんにピアノ、お琴、茶道を小さい頃から習わせた。東京からお琴、仕舞、ピアノなどの先生がやってくると、娘を毎回出稽古へ連れて行った。

「女の子はどういう家風のところへお嫁にいくかわからないから、何でも習っておいたほうがいい」。これがまさの口癖だった。

信平が戻ってくる前日は、まさや女中が忙しく立ち働くので緊張感が家中にみなぎる。当日になると、子供たちは朝から父親の到着をいまかいまかと待ち受ける。鉄也さんと峰子さんの脳裏にはっきりと浮かぶのは、作業服にゲートルを巻き、地下足袋をはいた信平の姿である。それも土埃をつけたまま、朝の八時頃玄関にぬっと現れる。

「ほら、お父様のお帰りですよ」

母親にせかされて、子供たちは神妙な顔つきで玄関に出迎える。

「お帰りなさいませ」

まさに続いて子供たちが大きな声で挨拶をする。

「うむ」

口数の少ない信平は子供たちの頭をなでると、

「風呂をもらおう」

とだけ言い、風呂場に直行してゆっくりと疲れを落とす。

「父は風呂からあがると、髪や髭《ひげ》を整えて入念に〝ベイラム〟(註・月桂樹をラムに浸した芳香液を頭髪香水に調整したもの)をつけるのです。ベイラムはわざわざ日本橋の『丸善』から取り寄せていました。ダンディーなところがありましたね」(鉄也さん)

風呂を浴び、和服に着替えてくつろぐ信平の一番の楽しみが晩酌だった。まさは、前の日から好物のカラスミなどを用意し、夫の激務をねぎらった。峰子さんは、母親がかいがいしく父の食卓を準備する様子をはっきりとおぼえている。

「食べ物にうるさい父でしたから、母は大変でした。特にお酒のつまみがいろいろ

正月に帰宅した父親を囲んで。左から長女すみ江、妻まさ、長男鉄也、信平、次女峰子。数少ない一家の集合写真

揃っていないとだめなの。カラスミとかコノワタ（註・ナマコの内臓の塩辛）とかコノコ（註・ナマコの卵巣の塩辛）を取り寄せて、いつも用意しておくのです。お正月に帰ってくるときは、お餅を女中に真四角に切らせていました。ふつうは長方形に切るでしょう？　でも父はなぜか真四角でないとだめなのよ（笑）」

峰子さんは、小さい頃から信平が晩酌をするそばで食事をしていたので、「いっしょになってお酒のつまみばかり食べておりました。小学校のお弁当に焼いたカラスミが入っていたほどですもの。それであたくし、お酒が好きになったのかしら」

信平は末っ子の彼女をたいそう可愛がっていた。

「とても甘かったですね、みいちゃん、みいちゃんと呼ぶんです」

「みいちゃん」と呼ぶときだけ、いつもの威厳ある声音《こわね》もどこへやら。矩子さんも証言する。

「お義母さんが言ってました。どこからあんな声が出るのかと思うほど、可愛らしい声で峰子さんを呼ぶんですって。お嫁に行った後も変わらなかったそうですよ」

峰子さんはホッホッと笑う。

「だって、あたくしはひとりっ子みたいなものですから。姉も兄も中学校へ進学するために屛東を離れ、その後は東京の学校へ行ってしまいましたでしょ」

長女のすみ江さんは、父親を仕事人としても大変尊敬していた。すみ江さんは女学校時代に学校から二峰圳の見学に行っているくらいだから、信平の功績を理解していたのだろう。矩子さんが故人を偲んでこのように語ってくれた。

「すみ江さんは、八十八歳で亡くなるまで、お父さんから買ってもらったフランス人形を、そばにおいて大切にしておりました。お父さんがほんとうに大好きで、立派な人物としてずっーと尊敬していたのです」

姉や妹とは違って、長男の鉄也さんは小さい頃から、どこか近寄りがたいオヤジというイメージをずっと抱いていた。

「父親はあまり説教めいたことは言いません、しかし台湾に生まれても誇りを持て、理想を高く持て、と、よく聞かされました」（鉄也さん）

名古屋にある第八高等学校を卒業した鉄也さんが、東京帝国大学理学部を受験するとき、「自分は理学部の化学に行きたい」と信平に手紙を出した。

「〝それはおまえの自由だからしっかりやれ、東大の志願者は六十三人で、入学できるのは二十四人くらいだから、少し頑張れ〟という返事がすぐにきました」

鉄也さんがみごとに合格すると、信平は大変喜んだ。

「ほんとうは農業土木科に進んでほしかったのでしょうが、あんな嬉しそうなオヤジの笑顔は見たことがありませんでした」

鉄也さんが大学二年生のと

和服でくつろぐ信平と鉄也さん

き、満州（註・現在の中国東北部）の風土病調査団に参加することになると、林辺渓の現場でいつも着ていたカーキ色の作業服を取りだし、調査旅行に持っていくよう鉄也さんに渡した。東京へ戻ってからも大切にしまっておいた思い出の品だ。

このように、ふだんは離れて暮らす子供たちに会えば、信平は子煩悩ぶりを発揮していた。時間をわざわざつくって、屏東市で一番美味しいといわれた料理屋へ連れて行ったり、海水浴場として名高い高雄の西子《せいし》湾へ子供たちと遊びに行った。

「子供のことをなにかと気遣っていましたね。いまから考えると、なかなかいいオヤジだったんですなあ」

鉄也さんの手元にかろうじて残っている父子の写真がある。大理石の床が涼しげな室内に、竹製の飾り棚と籐の家具。慈愛のこもったまなざしで息子を見やる和服姿の信平が映っている。

長い間封印してきた父親への思慕が、鉄也さんの声音をとおして伝わってくる。最初にお目にかかったときの、父親に対するぎこちない調子とは明らかに違っていた。鉄也さんの心の中で、信平の存在がわき立つ雲のごとく大きくなっている。

戦争の足音とともに

一九三四（昭和九）年、入社から二十年目に信平は取締役に就任した。会社に多大な貢献をしたわりに昇進が遅かったのは、現場第一の技術職だったせいかもしれない。

現在、信平の肖像写真としてよく知られているのは、取締役就任時のモーニング姿（カバー参照）だ。ふだんは、分厚いレンズの入った眼鏡をかけていたが、さすがにこのときは眼鏡を替えたようだ。信平といえばゲートルと地下足袋同様に、厚みのあるレンズの眼鏡がトレードマークになっていたほどだから、この写真は珍しい。

一九三三年から、制服を全員が着用することになると、つめ襟の上着とズボン姿にもゲートルをしっかり巻き、相変わらず地下足袋で農場や灌漑施設をまわっていた。彼は総督府の高級官僚を訪ねるときも、東京から視察にやってきたＶＩＰを案内して農場へ出かけるときも、このスタイルを変えなかった。飾らず、木訥《ぼくとつ》で、仕事熱心な人柄が見て取れる。

百四十三ページの写真は、元社長として農林大臣として活躍した山本悌二郎が、亡くなる半年ほど前に久々に『台湾製糖』を訪れたときのもの。これほどのＶＩＰが訪問をしたときも、信平はいつもの作業着姿で出迎え、緑の農地が広がる萬隆農場や二峰圳の分水工周辺を案内した。写真をよく見ると杖をついている。かなり視力が落ちていたのだろう。

一九三七（昭和十二）年七月に盧溝橋《ろこうきょう》事件が勃発。台湾にもきな臭さが漂い始めたその年の十月、信平は常務取締役に昇進し、二か月後に元社長の山本悌二郎が死去した。翌年の二月には、初めて台北に敵機が襲来し、台湾軍に属する陸軍第八師団の飛行部隊が屏東の飛行場からさかんに中国へ向けて飛び立った。街には〝愛国〟のスローガンがあふれ戦時色が強まってくると、皇太子の行啓記念日にあたる四月二十二日に瑞竹の前で市民と社員が集まり、戦争必勝の式典を開くようになった。以後、志願兵が出征するたびに、瑞竹の前で盛大な出陣式が行われるようになる。

一九三六年から台湾総督に就任した予備役の海軍大将小林躋造《こばやしせいぞう》は、台湾を南進基地と位置づけ、工業化と皇民化を強くすすめた。一九三八年になると、『台湾製糖』には兵隊用の携行角砂糖の増産に力を注ぐよう、軍当局から通達が届いた。そのため、全工場と契約農民に協力をあおぎ、〝糖業報国〟をスローガンにして増産体制に入った。一般のサトウキビ農家の一ヘクタールあたりの収穫高は十五万斤（約七十五トン）が限界だと言われていたのに、いっきょに二十五万斤（約百二十五トン）を目標とするというこの計画は無謀に思われた。しかし新たに荒れ地を開墾し、農園の管理を徹底することで、お国のために尽くそう。信平ら上層部は台湾総督府までわざわざ出向いて、増産の決意を伝えたのだった。

信平の眼病は一進一退を繰り返していたが、経営陣としての業務に支障が出るようになると、ついに彼は決意をした。

「このような重要な時局でもあるから、後進に道を譲りたい」

一九三八年、五十五歳の働き盛りで身を引いたのは視力の衰えを自覚したからである。後任には筧干城夫取締役が就任した。

『台湾製糖』に在籍した約二十五年間、彼は農業工学を取り入れて、約六十か所の水利施設と三万ヘクタール以上の農地を改良した。一企業の枠を超えて台湾の人々に今も感謝されているのは、長年手がけた多くの改良工事のおかげで、周辺住民の農地まで灌漑が行きわたり、清潔な飲料水が確保できたからである。

東京へ戻ってきた信平一家は、以前分家をしたときに建てた新宿区西大久保の家に落ちついた。信平が自分たちの余生や子供たちのことも考えて購入した七百坪近い敷地には、母屋と貸家があり、植木職人を常駐させるだけあってみごとな庭が広がっていた。

「東京へ戻ってからも眼科の専門医にずっと通っていました」（鉄也さん）

「外出するときはいつも杖をついていました。暗い所から急に明るい所へ出ると眼が見えないのです」(峰子さん)

失明まではいたらなかったものの、病状は思わしくなかった。にもかかわらず、信平は土地改良の経験と知識をかわれて一九四一年に設立された『農地開発営団』の副理事長に就任した。

一九二七年から三〇年の昭和恐慌によって米価が三分の二に下がり、農村が大打撃を受けたことから、政府は莫大な公共資本を投下して各地で開拓事業を推進していた。一九三一年からは日中戦争が本格化したこともあり、戦争の長期化を見こして新たに農地開発営団を組織したのである。内務省と農林省の後押しで設立された農地開発営団は、食糧の自給と増産を目標にして阿武隈《あぶくま》川上流・白川矢吹・新安積《しんあづみ》・山手山麓などの開墾作業にあたったが、戦局の悪化にともなって仕事は年々困難を極めていく。物資不足が深刻になると、各地の計画は頓挫。空襲を避けながらの作業は、増産どころではなくなった。

一九四五(昭和二十)年五月二十四日未明、東京の南部市街地は米軍の空襲により炎と化した。新宿区にあった鳥居家の母屋は全焼。出火当時、妻のまさは福島県の知人宅に療養をかねて疎開し、長女のすみ江さんと次女の峰子さんはすでに嫁いでおり、鉄也さんは海軍の『秋水《しゅうすい》』を生産する大阪工場でロケット燃料の技術仕官として働いていた。ひとり信平だけが、住み込みの女中と、『台湾製糖』時代からの秘書と暮らしていた。信平は彼らに手を引かれ、かろうじて逃げ出すことができた。焼け残ったのは入り口のそばに貸家として建てた二軒だけだった。

信平と鉄也さんの大切な蔵書、台湾から持ち帰った思い出の品、家財道具、まさの嫁入り道具、着物、子供たちの荷物、アルバムなど、すべてが灰になってしまった。秘書が決死の思いで持ち出したのは、信平が大切にしていた日本農学賞のメダルと論文だった。このメダルはいまも鳥居家に保管されている。

死ぬまで仕事人間

いつだったろうか、鳥居家を訪問したとき、鉄也さんが「こんなものが出てきました」と言って、変色しかかった封筒を差し出した。

「父から母に宛てた手紙です。仏壇の奥から出てきたんですよ。日付は昭和二十年七月二十三日です。生前、こんな手紙を母に書いていたとは考えもしませんでした」

鉄也さんは感無量とばかりにそっと便箋を開いて目の前に広げてくれた。罹災《りさい》から二か月後、信平が傷心の妻に出したねぎらいの手紙である。

「父は実家が全焼したので、一時新潟に疎開しておりまして。たまたま用事ができて父のもとへ行ったことがあったのです」

信平は、事務所内の畳を敷いた部屋に寝泊まりしながら仕事をしていた。

「父と並んで寝たとき、五月に東京の家が空襲で焼けたと聞かされました。その話を私は黙って聞くしかありませんでした。そうしたら、その夜のやりとりまで手紙に書いてある。びっくりですよ」

文面には大切な品をなくした無念さや生活の苦労がにじみ出ている。一部をご紹介したい。


御母様（註・妻まさのこと）の多年苦心して集めた品物を焼失してしまったのは実に残念で、西大久保の家を　留守した私としては、実に御母さんに気の毒と思ふ。また鉄也へ渡すべき色々な物が概《おおむ》ね焼失したが、どうか悪く思って呉れるなと申したところ、鉄也はこれも黙ってうなづき、ただ少し大事な洋書があったこと、地下倉庫へもっと物を入れておくことを、実地を見ながら十分にやらなかったのは自分として惜しかったと申していた。（中略）

主な荷物は全部山手の村（笹塚）へ預けました。その家は村井君が居候《いそうろう》している農家の大きな倉で、営団の人の荷物と一緒です。そのため私は着のみ着のままで、炊事道具は事務所の世話になっています。（中略）私も八月頃まで当地にいて、健康の見通しがつかなければそのときは御許にご相談します。

近況報告したり家族を気づかってから、信平は自分とまさとの今後をこのように述懐している。空襲で何もかも無くした信平が、心にかけていたのは夫婦の老後生活だった。

御許としてはそちらの生活が思はしくなければ、何とかこちらへ方法をいたします。お互に老年となり、其の様に別れて生活するのが私として本意ではない、適当な場所をひたすら考へ、且つ調べて居りますが、唯《ただ》個人の力ではなかなか困難ですから、自然団体生活の外、方法がありません。従って相当個人的には苦痛があると思ふ、敵の本土上陸は本年中大丈夫、無しとの説もあり、私は別に御許と冬の生活を為すべき場所についても深く考へて居ります。

（昭和二十年七月二十三日付けの私信より）

新婚時代から台湾へ渡り、すぐに農場開設の大役をまかされた信平は、工事現場に約八年間単身赴任した。帰京してからもまた新しい仕事で単身赴任が続き、結局妻のまさとは共通の趣味もなく、夫婦らしいむつまじく落ちついた生活を過ごすこともできなかった。信平が気の毒だったのは、仕事上、敗戦後も戦争を引きずっていたことだ。海軍省の復員兵を受け入れる信州小渕沢《こぶちざわ》の野辺山《のべやま》開拓村の開設をまかされていたため、任務に時間の猶予がなかった。なぜなら、敗戦と同時に世界の各地から民間人と軍人、軍属が引き揚げてきた。その数は六百二十九万七百二十人（厚生省援護局調べ）。前代未聞の日本民族大移動だった。海軍の復員兵を受け入れるために、彼は心ならずも仕事に忙殺される。

一九四六年二月十四日、その日も新宿にある農地開発営団の事務所へいつもどおり出かけた。そして、海軍省の担当者と打ち合わせをしている最中、突然、前のめりにくずれた。

「副理事長！　しっかりしてください！」

もはや誰の声も信平には届かなかった。脳溢血による発作が起きたのである。

職員たちは信平を戸板に載せ、事務所からかついで鳥居家まで運んだ。営団の事務所は『新宿三越』のビルにあったので、西大久保の家までは二十分ほどで搬送できたはずだ。

「おやじはいつものように『行ってくるよ』と笑って家を出て行ったのですが、戸板に載せられて昼に戻ってきたのです」（鉄也さん）

鉄也さんは信平が亡くなる前日に、たまたま仕事先の大阪から実家へ戻っていた。すぐにかかりつけの医師が呼ばれて手当てをしたのだが、そのかいもなく翌十五日に死去。享年六十三歳だった。

「帰省したのはほんとうに偶然でした。その晩は私が土産にかついできた一升瓶を開けて一緒に飲みました、おやじは終始ご機嫌でとても嬉しそうでした。いまから考えると、これが最後の親孝行でしたね」

末っ子の峰子さんにも不思議な思い出がある。

亡くなる前日、嫁ぎ先の渋谷区幡ヶ谷の家に、ふらっと信平が立ち寄ったのである。

「あらっ、お父様、いらっしゃるならご連絡をくだされればよいのに……お夕食でもいかがですか？」

こう話しかける峰子さんに信平は「いや、いいんだ、ちょっとみいちゃんの顔が見たくなったんだよ」とだけ言って、すぐに帰ってしまった。

「なぜ用もないのに父はやってきたんでしょうか？　そのことが亡くなった後からはっきりと思い出されたのです」

いろいろな偶然が重なったのは、虫の知らせとでも言うのだろうか？

「そうかもしれません。しかし人生なんていうものはそうした偶然の連続ではないでしょうか」

鉄也さんは、人間の一生をこのように総括してみせた。

鳥居信平は、死ぬまで仕事一途の男だった。

特に農地開発営団の業務は戦中と敗戦直後の混乱期と重なり、心労は並大抵のものではなかったろう。現在なら過労死扱いになるだろうが、これもまた一種の〝戦死〟かもしれない。一九四二年五月、陸軍省の南方開発派遣要員としてフィリピンにおもむく途中、輸送船が米軍の魚雷攻撃を受けて亡くなった八田與一と同じように……。

信平と妻のまさは、ゆっくり温泉にでも行きたいというささやかな夢も叶わず、お互いをいたわりながら老後を暮らすこともはかない夢となってしまった。

信平の葬儀は、折から新円切り替えのための金融緊急措置令や銀行貯金の差し押さえと重なったため「後になって弔問客の方々から、香典に苦労したとこぼされました」と鉄也さんは回想する。

信平が亡くなったことを聞きつけた台湾の古い友人たち、特に、ともに苦労して萬隆農場の開設にこぎつけた唐伝宋さんは、商用で日本へ来るたびに鳥居家に立ち寄り、仏壇に手を合わせ、遺族を気づかって香典を置いて行ったそうだ。台湾人の温かな心がのぞくエピソードではないか。

「オヤジは働きづめの人生でした。働くだけ働いて、楽しむことを何も知らずに逝ってしまったんですな。ほんの短い間でも、母とふたりでのんびり過ごすなり、仕事以外の人生を楽しんでほしかったと、つくづく思います」

父親がかすかに抱えていたかもしれない悔恨。九十歳になる息子はそれをあえて口にしたが、どこかで自分を重ね合わせているようにも見えた。

父と子のメビウスの輪

鉄也さんは戦後、学問の道へ入り直した。一九五五年、千葉大学文理学部化学教室に籍を置いて鉱泉中のコバルト分析研究をしていたときに、たまたま出張先の富山県で当時「日本学術会議」会長を務めていた茅誠司《かやせいじ》（一八九八〜一九八八）博士から南極観測計画を聞き、彼の人生は大きく変わった。若手研究者としての知識と好奇心、山岳部で鍛えた冬山登山の経験と技術が買われ、鉄也さんは国家的事業となった第一次観測隊に参加。以降、研究室を飛び出して極地のさまざまな調査に没頭し、六十九歳になるまで南の果ての南極へ通い続けた。

鉄也さんが中心になって行った調査のひとつに、南極の大気中に含まれる二酸化炭素の濃度測定があった。いまでこそ、地球温暖化の原因と二酸化炭素の濃度の関係は誰もが知っている。あの、アル・ゴア氏が著した『不都合な真実』にも南極の大気中の二酸化炭素濃度の話が登場するが、鉄也さんらは一九五六年から大いなる関心を持って、昭和基地でずっと経過観察を続けた。

二十世紀の初めに、スウェーデンの化学者でノーベル化学賞を受賞したS・A・アレニウス博士が、「二酸化炭素の濃度が現在の三倍になれば、極地の温度が八〜九度上がる」という考えを示した。これに注目した鉄也さんは南極へ行くたびに調査を繰り返した。まだ精密な測定分析器がない時代、氷床を深く掘って、地球の太古の大気に二酸化炭素がどれくらい含まれていたかを地道に調査したのである。その結果、化石燃料を燃やしたり森林を焼き払ったり、自動車の排気ガスなど、人為的な汚染と無縁のはずの南極大陸でも、二酸化炭素の濃度が年々高くなっていることがはっきりと証明された。

学生時代から、基礎的な調査方法を身につけていた鉄也さんが、地道に丹念に雪氷や大気や湖沼水の分析を二十数年間続けた研究ぶりを知ると、二十世紀の初めに南台湾の荒ぶる山々へ分け入った父親信平の姿が思いおこされる。

鉄也さんの回想録の中には、水の調査をした話も出てくる。

旧制高校時代の鉄也さん

昭和十六年四月、東京帝国大学理学部化学科に入学早々、確か四月下旬ころと記憶するが、新入生は全員動員され手分けして多摩川の流路に沿って東京湾まで川の水を同時採取した。（中略）私は旧制高校時代山岳部員であったので荷物が背負えると見込まれ、前日小穴さんのお供で山梨県の多摩川源流点に赴き民家に一泊し、採水しながら川沿いにかなりの距離を歩いた。水の入った重いガラス製の一升瓶を六〜七本背負わされ、その上コンパスの長い小穴さんのペースに付き合わされてすっかりグロッキーになったのが今でも忘れられない。

（『南極とともに—地球化学者として—』鳥居鉄也著より）

父と息子は専門分野こそまったく違うけれど、それぞれの大志と使命感を抱いて未知の世界へ飛び込み、近代科学を駆使して調査に従事、数多くの功績を残している。こうした「探求心」、「大志」、「気概」は、親から子へと、知らず知らずのうちに受け継がれるものなのだろうか？

第三章で紹介したとおり、鳥居信平は、〝人に接するに純朴、職務に厳格の一面に豊かな人情味があり、人使ひがうまい〟〝どこ迄も熱の人であり意の人〟〝研究心旺盛の男。学者を好用するのも人後に落ちない〟と評された。越冬隊長を二度も務めた鉄也さんの獅子奮迅の活躍は、父親の姿を彷彿《ほうふつ》させる。鉄也さんの話を聞けば聞くほど鳥居父子がメビウスの輪のように連なって見えてくる。

取材も後半に近づいた頃、鉄也さんはしみじみとこんなことを言った。

「現場の面白さに魅かれ、いつのまにか私はおやじの真似をしていたのかもしれません。研究室にこもって実験するより現場を選んだのは、おやじの血を受け継いだせいもあるんでしょう」

袋井市の市議を務める山本貴史さんが、郷土の偉人・鳥居鉄也さんについて書いた一文にも親子の符号を感じる。

　南極に旅発つ鉄也氏を見送った記憶を持つ者は、当時、月ほども遠い南の最果てを想像しながら、この人は生きては戻れないだろう、と密かに思ったという。その人が、南極の石を山ほども抱えて無事帰還した時の郷土の興奮というのは想像に難くない。

　当時の熱が未だ冷めやらぬ人々にとって、突如現出した鳥居信平の功績は眩しすぎるであろう。息子である鉄也氏の偉業を重ねながら、さもあらんと得心する者があれば、このような人物を親子二代にわたって輩出した土壌にいかなる要素があるものか首をひねる者もいる。

（日本李登輝友の会発行『日台共栄』〇八年十一月号より）

今から五十年以上前の南極は、それこそ水盃を交わして行くような場所だったから

「この人は生きては戻れないだろう」と見送りの人たちが思ったのはよくわかる。その歓送の光景は、一九一四年に、台湾の南の果ての山奥に赴任する信平一行を見るようだ。

さらに言えば、鉄也さんの妻矩子さんも信平の妻まさと似たような生活を送った。長いときは一年の半分も留守にする夫を見送り、三人の子供を育て、義母の面倒を見ながら家庭をしっかりと守ってきた。矩子さんは、若手研究者だった鉄也さんと一九五三年に結婚したが、まさか、夫が南極の調査にその一生を捧げるようになるとは夢にも思わなかったと振り返る。

「出会った頃は、さかんにヒマラヤに行きたい、マナスルに登頂したいと夢を語っていましたが、それがいつのまにか南極になっていたんです。初めての南極行きを知らされたのは、長男が生まれた直後だったかしら。相談？　いーえ、そんなものありません。何でも決めてからでないと私に言いませんもの」

第一次観測隊に参加した鉄也さんは、毎年のように二十五年近くも南極へ通う。

「秋に南極へ行き、春に戻ってくるという生活でした。越冬をするときは、秋に日本を出発して一年間ずっと留守です。寄港地から手紙がときどき届いたけれど、いまと違ってねえ、そんなにしょっちゅう電話もできませんでしょう」

幼かった長男の徹《とおる》さんは、自宅に戻ってきた父親がまた出かけるときに、「もう帰るの？」といつも話しかけた。そのたびに鉄也さんは「お父さんは帰るのではなくて、お仕事に行くんだよ」と言い聞かせたという。こういうエピソードひとつとっても、その昔、屏東の社宅に休暇で戻ってきた信平を再び見送る一家の様子がありありと浮かぶ。

「こんなこともありました」と矩子さん。

「末っ子の信也《のぶや》が小学校三年生のときですから一九七一年だったかしら……主人が南極行きの観光船に招待されたことがありました。このときに次男を連れて行ったんですよ。子供の見聞記を、東京新聞の記者の方が載せてくださったことがありました」

矩子さんは思い出し笑いをする。

「記者の方が、子供らしい感性が出ていて、とても素晴らしい記事だとほめてくださったけれど、ほとんど主人が書いたものなんです。ふだん一緒にいないせいか、子供のことが気になってしかたないんでしょう、おかしいわねえ」

矩子さんのたおやかな笑い。男性たちが家庭の心配をせずに、社会的に意義ある大仕事ができるのは良妻賢母の協力があってこそ。彼女たちの果たした役割は実に大きい。

鉄也さんは一九三七年に台湾を離れて以来、一度も生まれ故郷に戻ることはなかった。訪れる機会を逸してしまったのだ。その点、峰子さんは、八十歳を超えるまで何度も屏東を訪ね、女学校時代の友人と交流を深めてきた。

鉄也さんはよっぽど心残りなのだろう。

「あの糖蜜の匂いだけは……」

鉄也さんはそこで大きなため息をして言葉を切るのだ。

「それはもう、えも言われぬ匂いなんです」

サトウキビの収穫が終わり、いよいよ製糖工場が稼働を始めると、工場から社宅のすみずみへと、濃厚で複雑な香りが一気にあふれだす。なかでも、粗糖工場から流れ出す匂いは官能的な甘さに水蒸気が溶けているよう。風にのって敷地のいたるところにあふれ、製糖の季節が訪れたことを人々に告げる。すると、子供たちは立ち入り禁止の工場へ忍び込み、顔見知りの工員から内緒でザラメを分けてもらい、カラメル焼きをつくってほおばった。

「最後にもう一度だけ、あの糖蜜の匂いを嗅いでみたいものです……」

鉄也さんの嗅覚の奥にしみ込んだ特別の匂いは、二度と戻れぬ昔日の郷愁につながっている。

第五章

〝水の惑星〟のために

水は農民の命、台湾の命

序章で述べたように、私は「水は台湾の命」という許文龍さんの言葉を胸に刻んで旅に出た。旅先ではいつも、台湾の開拓史が水源を求めての苦難の歴史であり、台湾の大地は農民が心血を注いで開墾したものだということを実感した。

『奇美《きび》文化基金会』の会長でもある実業家の許文龍（92）さんは、「戦後生まれの台湾人と日本人に、正しい認識を広めたい」との思いから、台湾の歴史を検証し、台湾のために貢献した日本人の功績を顕彰して、双方の戦後世代に知らしめる活動を続けている。その一環として、第四代総督・児玉源太郎のもとで民政長官を務めた後藤新平、糖業振興をリードした新渡戸稲造、台南の史跡を軍部や空爆から守り抜いた最後の台南市長羽鳥又男《はどりまたお》（一八九二〜一九七五）、明治から大正期にかけて恩師のスコットランド人バートンとともに、台湾各地で上下水道普及に努めた浜野彌四郎（一八六六

上：2005年に来義郷を訪れた信平の孫の徹さん
下：2009年4月に挙行された信平胸像の除幕式

九〜一九三二)、蓬莱米を生んだ磯永吉(一八八六〜一九七二)と末永仁(一八八五〜一九三九)、台湾の紅茶の発展に寄与した新井《あらい》耕吉郎《こうきちろう》(一九〇四〜一九四六)、烏山頭ダムを造った八田與一(一八八六〜一九四二)、電力事業を手がけた松木幹一郎(一八七二〜一九三九)、らの胸像を制作。それを台湾と日本のゆかりの地へ寄贈し、日台の絆を深めてきた。二〇〇八年二月に、鳥居信平の紹介記事を月刊誌『諸君!』

（文藝春秋刊）に掲載すると、思わぬことが次々に起こった。日本と台湾の双方で、鳥居信平を知りたいという機運が高まり、善意がこだましあい、『奇美文化基金会』からは、鳥居信平のブロンズ胸像を製作して、その功績を称えようという有り難いお話まで頂いた。二〇〇八年春に許文龍氏は自ら二峰圳を訪れ、丁教授から鳥居信平の功績を詳しく聞いて、胸像制作を申し出た。そして来義郷のシーローファーファーウー森林公園と国立屏東科技大学、信平の生誕地である静岡県袋井市に寄贈されることが決まった（註・二〇二〇年現在は七か所に増えた）。幸い、袋井市の原田市長から快諾を頂き、地元の方々の熱心な活動もあり、二〇〇九年七月には屏東県の県長らを招いて除幕式が行われることになった。なお、屏東県では二〇〇九年四月に式典が催され、私は鉄也先生の御遺影とともに参加した。信平の胸像は来義郷の森林公園から、二峰圳のある美しい林辺渓に目を向けている。

信平の胸像が日台双方に設置されると決まったとき、子息の鉄也さんは誰よりも喜んだ。さっそく両親の墓がある袋井市に相談を持ちかけたところ、原田英之市長は「外国の人が昔の日本人の功績を忘れずに称えてくれる。なかなかできることではありません、その心が何よりも嬉しいではありませんか」と、これまた熱き心をもって

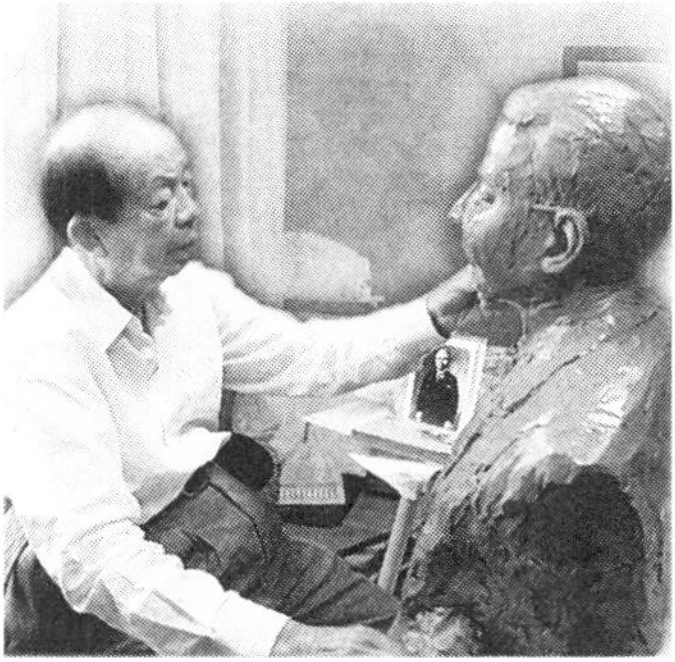

上：慈愛のこもった父親の顔に仕上がった鳥居信平の胸像。ブロンズ製
下：奇美文化基金会の許文龍会長は自ら胸像制作も手がける芸術家

胸像の受け入れを快諾してくれた。

「市民どうしの草の根交流が互いの未来を築いていくのだと思います」

原田市長のこの言葉には、水の惑星を守るために、国を超えて水の絆を深めていこうという意思がこもっている。

どこも胸像を設置するのに最適の場所である。

来義郷の森林公園には二〇〇五年、二峰圳の仕組みや歴史をわかりやすく展示した「水資源文物展示館」が、開館した。オープニング・セレモニーには、信平の孫にあたる東京大学教授の鳥居徹（63）さんが出席した。式典で徹さんは工事にかかわったパイワン族の子孫らと対面し、義兄弟どうしの祖父たちをしのんで、契りの酒を酌みかわし絆を確かめあった。

二〇〇七年に訪れてみたところ、館内がからっぽになっていた。原住民の伝統的家屋である石板造りの建物のため、雨期になると湿度が充満して展示物が傷むおそれがあるため、資料を一時的に別の場所に保管しているという。維持管理の予算が少ないので管理者は苦労をしているようだ。だからこそ、よけいにこの小さな記念館を続けていこうとする強い気持ちが伝わってくる。台湾の庶民なら誰でも持っている〝飲水思源〟という敬虔な気持ちが、そうさせているのだろう。彼らは、水は初めから「在る」ものではなく、「生み出す」ものであることを知っている。だから水の恩人を決して忘れない。

二〇〇八年十一月、私は袋井の有志の方とともに再び屏東県へ向かった。林辺渓で二峰圳を見学した郷里のみなさんは、用水路を流れる水の清らかさに感動した。

鳥居一族と同じ町内に住み、農業を営む横井村主さんは、何よりもロハスな設計に胸をうたれた。

「いまどきの技術を使わずに、人力を中心に営々と造った施設がこうして生き残っている。信平さんは時代の先を見越しておりましたね」

それに比べて、先端技術で造ったダムや建造物のほうが問題が多く議論を呼んでいる。「現代人は、技術に頼るばかりで先を見ていないんじゃないか」と手厳しい。

山本貴史さんはこう話す。

「日本からこれだけ離れた林辺渓に、約百年前に赴任してきたこと自体信じられません。生きて戻れるかわからない奥地に、よくぞ乗り込んで行ったものです」

彼が言うとおり、二〇二〇年の現在でもこの林辺渓来義郷までの道のりは日本から遠く感じる。

「このような人物が我が町から出たのか、という素直な感動とともに、地元で英雄視されているあの鳥居鉄也氏の父親という事実に、感慨もひとしおです」

市議のひとり、竹原和義《たけはらかずよし》（66）さんはこう感想を述べた。

「原住民の方々から、製糖会社と一緒に工事の完成を目指したと聞き、地元と協調して事業をやり終えた信平のリーダーシップに感心しました」

原住民らと対等につきあい、彼らの生活や屏東の自然を尊重する気持ちがなければ、どうして二峰圳が完成できただろうか。台湾で大きな仕事をなしえた人々は、みな、地元と協調し彼らの文化や歴史に敬意を払い、台湾の自然を尊重した経緯がある。

翌日、私たちは台南市にある「奇美博物館」の一室で胸像になった信平と対面した。それは仕事に厳格な技師でもいかめしい重役でもなく、大きな夢を抱いて台湾に渡ってきた若き日の信平。幼子に慈愛のまなざしを向けただろう素顔の彼が、私たちの目の前にいた。

「正面向きの写真しかなかったので苦労しました。横顔の感じが似ていそうな人を見つけてモデルになってもらいました」（許文龍さん）

二〇〇九年初夏。信平の胸像は無事に袋井市へ到着し、市内にある「月見の里学遊館」に設置が決まった。袋井市は、子息の地球化学者、鳥居鉄也さんとともに、父親の信平の農業土木技師としての功績を、子供から大人まで広く知らしめる展示やイベントを何度か聞いた。市長の言葉どおり、市民レベルの交流が日台の水の絆をいっそう深めてくれるだろう。

台湾からの供花

胸像が袋井市に到着する約半年前の二〇〇八年十月二十一日。私は、都内の斎場へと急いでいた。沈んだ気持ちとはうらはらに秋の日差しが色づき始めた街路樹に反射し、透明感あふれる朝だった。地下鉄の改札口を出てから同じ方向に歩き続ける喪服の人々は私が目指す建物に吸い込まれていく。かすかに線香の匂いが漂う斎場の入り口では、式場に入りきれぬ参列者が日だまりで葬儀の開始を待っていた。

記帳をすませて式場をのぞいてみると、白いキクやコチョウラン、カサブランカ、グラジオラスを中心に、淡い紫のトルコキキョウやピンクのオリエンタルリリーに囲まれた白木の祭壇が設置されていた。その中央からは、十月十六日に彼岸へ旅立ち、「南道院釋鉄照《なんどういんしやくてつしよう》」となった鳥居鉄也（一九一八〜二〇〇八）先生の遺影が参会者を見守っていた。最も活躍した時代の、気力にあふれたお写真なのだろう。広くなだらかな額や熱情と精悍《せいかん》さがいりまじる口元に、父親の鳥居信平が宿っている。

「もう少しでお父様と〝対面〟していただけたのに……」と、無念さがこみ上げてくる。というのも、亡くなる直前に台湾の『奇美文化基金会』（許文龍会長）から、鳥居信平の胸像がほぼ完成したと連絡が入っていたからだ。柔らかく微笑む胸像をご覧になったら、父親への思慕の念がいっそう強まったに違いない。

鉄也先生のお通夜とお葬儀には、我が国の極地研究を支えてきた学者や第一線で活躍している若手の研究者が集い、改めてその存在の大きさを知らされた。祭壇の両脇には南極観測の協賛企業や専門機関からの献花がずらりと並んでいて、観測隊の備品や設営用品の調達を一手に引き受け、各企業を回って備品を揃えたという鉄也先生の凄腕伝説が、そのまま名札の多さに表れている。ほかには、大学の研究機関や出身大学の山岳部、袋井市からの供花が目を引いたが、中でも、台湾から届いた二つの供花は、南国らしく、紅紫の蘭やオレンジ色の彩りが添えてあり、参列者の興味をそそった。遺族席の近くに飾られていたのは屏東県県長・曹啓鴻氏から。そして反対側の前列に置かれていたのが国立屏東科技大学教授・丁澈士氏からの哀悼の気持ちだった。

「台湾ともご関係があったんでしょうか」

「さあ、ちっとも存じませんでしたが……」

近くの席に座っていた婦人たちからこのような会話がもれてきた。南極のエキスパートの葬儀に、なぜ台湾の、それも最南端の県から丁重な供花が届いたのか、疑問に思った方々が多かったようだ。

しかし、故人の遺徳を紹介する段になって、葬儀委員長を務めた元立正大学学長の吉田《よしだ》栄夫《ひでお》さんが、わざわざ鳥居信平の台湾での功績にふれ、「そのご長男でいらっしゃったのが鳥居鉄也先生でした」と説明した。

「ああ、それで……」と、参列者がうなずく様子が、式場の後方にいた私にはよく見えた。

最後に長男の徹さんが喪主として挨拶をした。「父は自分のやりたいことを存分にやって、やり尽くしました。これも父を支えてくださった皆様のおかげです」という言葉を聞きながら、父と子の人生の符合を感じずにはいられなかった。

晩年の鉄也先生は、父上の建造した二峰圳に関心を向け、二十万を超える人々がいまもその恩恵を受けていることを何よりも喜んでおられた。父上の功績を郷里の人や周囲の友人たちに知らせようと努力しておられた。だから、「鳥居信平のご長男」という紹介は、鉄也先生にとって嬉しく、納得のいくことだったのではなかったろうか。

その瞬間、ほのかに遺影の笑みが広がるように、私には見えた。

初めてお目にかかったのは二〇〇七年六月だった。鉄也先生はその一か月後に台湾にゆかりのある水利専門家にお声をかけてくださり、農業土木にうとい私のために鳥居信平と二峰圳についての説明の場をつくってくださった。それから二年後、鳥居信平の胸像が台湾と日本に設置され、評伝が出版されるようになるとは、誰が想像できただろう。しかも当の鉄也先生が胸像もご覧にならずお亡くなりになってしまうとは……。

第一章にも書いたように、私と鉄也さんとのおつきあいは、二〇〇七年六月から亡くなるまでの約二年間だけだった。最初の取材では、「いまさら父親のことなど、話すこともない」とのお気持ちがかいま見えたが、じょじょにお考えが変わったのか、ご自宅へうかがうたびにきちんと資料や写真を用意してくださり、ふるさと台湾のことやお父上に対する気持ちを、科学者らしい理詰めの語り口で、大変正直にご披露くださった。また、数億万年前の古代層から発掘した貴重な南極石や極地ならではの自然の驚異について教えて頂いたことは、地球化学の個人授業を受けたようで実に贅沢なひとときであった。

日本初の地下ダムだった

『台糖』の資料によれば、敗戦で引き揚げた日本人が、台湾各地に残していった製糖施設は、工場が四十二か所（そのうち三十四か所は米軍の空爆で使用不能になっていた）、酒精工場十五か所、所有地は十一万三千五百六十三ヘクタール、サトウキビ運搬の軽便鉄道の長さは約二千九百九十八キロメートルにのぼった。それらをすべて受け継いで国営の『台湾製糖公司』が一九四六年五月に誕生した。中国大陸からやってきた新しい経営陣は、一九四七年までに日本人社員を帰還させ、戦後のスタートを切ったのである。

その後『台糖』は、時代の流れとともに製糖業から養豚、果樹栽培、食品全般、蘭の花栽培、観光牧場、バイオテクノロジーなど多角経営に切り替え、二〇〇四（民国九十三）年をもって製糖業からは完全に撤退した。

二峰圳の維持管理は、『台糖』がずっと行っている。毎年、台風が過ぎ去った後に補修点検をしているが、これまでに大規模な修理は三十年目を迎えた一九五二～一九五三年の地下堰改善工事、一九七三～一九七四年にかけての洪水で傷んだ暗渠の補強工事、一九八七年に行われた風化部分の修復工事、二〇〇九年の大水害による修復工事、二〇一七年の改修工事など。大型のダムに比べてはるかに管理がたやすく安上がりの施設である。

一九二三（大正十二）年の完成時に、豊水期には一日あたり二十五・二万立方メートル、渇水期でも六・八万立方メートルあった水量は、七十五パーセントほどになったがそれほど減ってはいない。昔と変わらず上流域の住民には飲料水を、下流域の田畑には灌漑用水を供給している。この八十年間の総供給量は、丁教授によると一九六五年に完成した嘉南平野の「白河水庫《しらかわすいこ》」（白河ダム）を超えているそうだ。

二峰圳を知るようになってからいつも頭にあったのは、これに似た灌漑施設が戦前の日本内地に造られていたのかどうかということだった。日本の国内河川は比較的水量が安定しているうえ、建設条件が限られているので、もともと地下ダムは多くない。地下水（伏流水を含む）を利用する場合、大きく分けて二通りの工法がある。ひとつは比較的深いところにある地下水を、壁で止めて堰揚《せきあ》げる地下水貯留型。もうひとつは海水レベルと同じくらいの比較的浅いところにある地下水を取って溜める方法。こちらは海水を止めるので海水侵入阻止型と呼ばれる。

調べてみると二峰圳の完成から十一年後の一九三四年に、愛知県春日井《かすがい》郡（註・現在の春日井市）の、庄内川の支流にあたる内津川《うつつがわ》に地下堰堤を設け、水田に灌漑したという記録があった（『土地改良事業計画基準　第3部設計　第4地下水工』農林省農地局編）。幅十五メートル、全長三百五十五・八メートルに地下を掘り、その中に幅一・八メートルの粘土《ねんど》隔壁《かくへき》を造った。それから底石層に丸石といくつかの蛇籠（註・竹や鉄線でカゴを編み、中に砕いた石を入れて河川の工事に使う）を置いて伏流水を遮断して水位をあげて田んぼに水を送った。「神屋《かぎや》地下堰堤」と名付けられたこの施設は小規模ながら、存続している。

神屋地下堰堤。川の中央に影のように延びて川を横断しているのが地下堰

二〇一一年だったろうか。当時愛知県の土木課に勤務していた近藤文男さんの案内で、私は現地を訪れた。「神屋地下堰堤」は、春日井市の〝都市景観形成建築物等〟に指定されていた。田んぼや畑が続くのどかな景色の中で、春の小川のよ

うに澄んだ水をたたえている。内津川を横切るように堰堤を造り、伏流水を集めている、出水量は毎時百二十三立方メートル。近藤さんが「鳥居信平が台湾に造った地下ダムと何か関係があるのか、ないのかずっと気になっています」と話ように、二峰圳のミニチュアといえる仕掛けなのだ。

一九四三年に、那須の扇状地に地下ダムを造ろうという構想が持ち上がったものの、諸般の事情で断念、戦後の一九七三年に、長崎県野母崎町（註・現在の長崎市）に「樺島《かばしま》ダム」が完成するまで、日本国内に地下ダムは実在しなかった。しかし、その樺島ダムも現在は機能していない。つまり、植民地だった台湾に、大正時代に造られた二峰圳が日本の地下ダム第一号であり、戦前から現在まで活躍している希少なものということになる。

日本における本格的地下ダムは、沖縄本島から南西に三百キロメートル離れた宮古島に、一九七九年完成した「皆福《みなふく》ダム」だ。

沖縄の各島々は、地下水を貯留するための琉球石灰岩（註・数十万年前以降に堆積した新しい石層。サンゴ片、貝殻、石灰質の藻類などが海底に堆積した後、隆起した）と地下水を通しにくい基盤層が分布していること、降雨量が多いことなど、地下ダムに適した水文《すいもん》地質条件が揃っている。宮古島もサンゴ礁が隆起した島だから、透

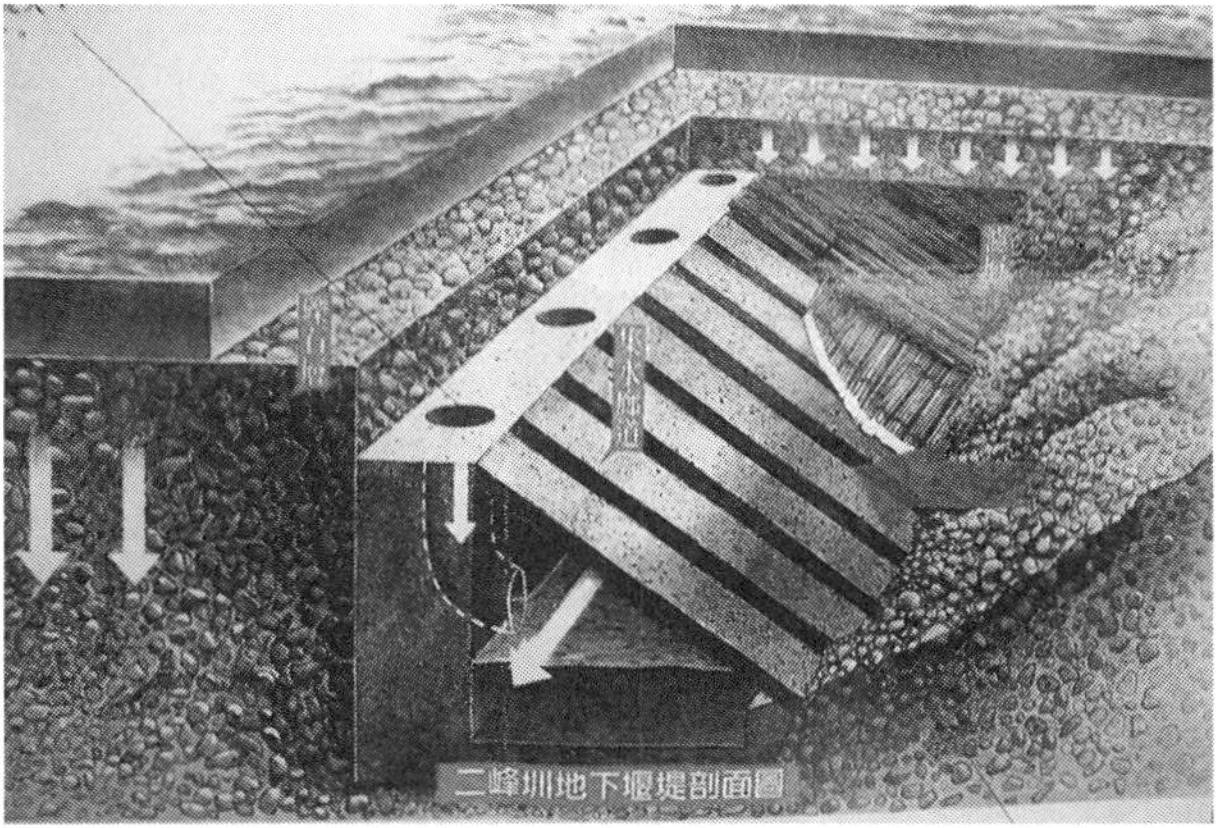

地下ダム二峰圳の構造断面図。地下に堰止められた水が人工涵養池のような働きをして、川床にしみ込んだ水をさらに取り入れる（図版提供・丁澈士）

水性の高い琉球石灰岩が基盤層だ。島全体に起伏が少なく河川が発達していない上に保水力の弱い土壌なので、干ばつが農民を苦しめてきた。そこで、農業用水を確保するために当時としては破格の予算三億円の工費と約二年の歳月をかけて、堤の全長五百メートル、総貯水量七十万立方メートルの実験地下ダムを建設。さらに二か所にダムを増やし、二〇〇〇年までに八千二百ヘクタールの畑地灌漑の整備を行った。宮古島市には「宮古島市地下ダム資料館」があり、島の地形やダムの構造をわかりやすく展示している。

　このほか、沖縄本島糸満《いとまん》市の南部にある「米須《よねす》ダム」、沖縄本島の糸満市郊外にある「慶座《ぎざ》ダム」、鹿児島県南西諸島の喜界島の「喜界地下ダム」、福井県三方町の「常神《じょうじん》ダム」（一九八四年完成）などが代表的な施設である。

沖縄宮古島の「皆福ダム」の調査、設計、施工にかかわり、社団法人の「農村環境整備センター」に勤務する富田《とみた》友幸《ともゆき》さんも、鳥居信平が徹底的な現地調査をし、降雨量、流速、土壌などの水文的条件をふまえて、地下堰堤を造ったことを高く評価する。

「二峰圳が建設されているのは、河川が山岳地帯から扇状地に流れ出す直前の、谷底が低くなっている場所です」

谷底を埋める堆積物は、小石よりも大きな石ころだから透水性、空隙《くうへき》性があり、地下ダムの貯留層としてうってつけなのだ。

「信平が書いた論文に、流域の地質として粘板岩との記載がありますから、基盤岩はおそらく中古生層の岩盤ではないでしょうか」

「河床礫層の透水係数が七十六ｃｍ／ｓｅｃ（註・一秒間に七十六センチ）ということは、琉球石灰岩の二百倍にあたります。林辺渓の伏流水は、まさに地下を川のごとく流れているんでしょう。鳥居信平がその豊富な伏流水を乾期の水源として利用しようと発想したのは、彼が何年もかけて地道に行った調査と努力のたまものですね」

（富田さん）

古代ローマ文明や北アフリカのフェニキア文明でも地下水を堰き止めた遺跡があり、地下ダムに似た灌漑方法は、世界的に行われてきた。しかし、近代に入ってからは巨大ないわゆるコンクリートで造るダムが主流になっている。乾期と雨期がはっきりとわかれる熱帯や亜熱帯の国では、地下ダムは優れた取水法だ。しかも、環境に優しく、持続可能な工法だから、現代人がそこから学ぶことはたくさんある。

新たなる始まり

一九九〇年代は、日本にとって「失われた十年」であり、バブル経済崩壊の後遺症に苦しんだ歳月だった。輸出と公共工事の恩恵で右肩上がりの経済成長を引っ張ってきた過去を反省する時期を迎えたのである。周囲を見渡せば、山河や森林に暮らす小さな命があちこちで悲鳴を上げていた。ようやく自治体は、人間が自然界に与えてしまったダメージを取り除き、多くの生物の命が育《はぐく》まれるような環境を再構築するために、自然の環境に負担をかけず、多くの生き物と共生できる社会を目指す運動に、NPOなどの民間団体や小中学校などと一緒に取り組み始めた。たとえば、護岸工事で直線的になってしまった北海道の釧路川、標津《しべつ》川を、本来の蛇行する姿に戻す工事、茨城県霞ヶ浦に水草アサザを復活させるプロジェクト、東京都の多摩川に川岸植物を呼び戻すための環境作り、渡良瀬《わたらせ》川流域にコウノトリのコロニーを復活させる運動などなど、各地で住民の努力が少しずつ実ってきている。河岸の整備をするごとに消えていたタナゴ、ドジョウ、サンショウウオがよみがえり、エサの魚を求めて集まってきたサギ、コウノトリ、トキが増え、川岸にはフジバカマ、サクラソウ、カワギクといった植物が生い茂るようになった。

一九九七年に河川法が改正されてからは、河川管理の主要な目的に、「環境の整備と保全」という言葉が明記されるようになった。この年に、「環境影響評価法」(環境アセスメント法)も制定されたので、道路、河川、鉄道、飛行場、発電所、廃棄物最終処分場、埋め立てや干拓、土地区画整理事業、新住宅市街地、工業団地の造成、新都市基盤整備や流通業務団地、宅地の造成事業を行う前に、環境にどのように影響を及ぼすのか、周辺の景観は維持できるのか、自然との触れ合いの場を保てるか、など、環境と生態系について調査結果を公表し、広く意見を聞かなければならない。

二〇〇〇年には、第二章で紹介した徳島県吉野川にある江戸時代のすぐれた土木建造物「第十堰」の保存をめぐり住民投票が行われ、新たに可動堰を造るという国の提案は却下され、現在にいたっている。この事例も、吉野川の自然を、ふるさとの素晴らしさを守ろうという住民の熱意が実ったものである。

二〇〇三年一月からは「自然再生推進法」が施行され、過去に損なわれた生態系や河川と湖沼の環境を再生し、自然を取り戻す努力が続いている。二〇〇六年度には全国およそ五千か所で、約千の市民団体が協力して水環境のいっせい調査を実施。二〇一七年には全国で二十五の再生協議会が設立された。河川の浄化能力を高める整備も年々行われている。世界的規模で進行する異常気象が引き起こす水害や水資源の枯渇に対しても、市民団体が大きな関心を寄せるようになった。

台湾で取材をするうちに、同じような環境運動が広く静かに起こっていることに気がついた。教育の一環として水や岸辺を守るために、小学校、中学校では子供たちが多様な生物が暮らせる水辺の環境作りに取り組んでいるし、有機農法の普及によって田畑にシラサギ、カエル、フナなど多くの生物が戻ってきている。行政と地元民と学者とが一体となって、人間が占拠して狭くしてしまった川を、もとの姿に戻そうと努力している。若者たちがこうした地道な努力に関心を払うことが、郷土と地球の明日を支えることにつながっていく。

環境保全に努力している人々からの話によく出たのが、戦後台湾を支配した国民党政権による治水対策の稚拙さだった。彼らは、台湾固有の自然や日本統治時代の技術を無視して、中国大陸の河川の感覚で台湾の渓に手を入れ、人口が増えたといっては川幅を狭くして住宅地に変えた。それが洪水の原因となり、農民を苦しめる原因になってきた。

屏東県では、これ以上の地盤沈下を防ぐために、循環水を利用し、違法な井戸を閉鎖するだけでなく、二峰圳の工法を参考にして七か年計画を始めた。洪水であふれた林辺渓の水を人工池に溜め、地下水を増やすことで地盤沈下を防ぐ計画の提唱者は丁澈士教授。彼に実験用地を案内してもらった。鳥居信平らが拓いた萬隆農場の一角で、実験が行われている。

林辺渓からビンロウヤシ畑の中を貫く農道を進むと、人の背丈ほどの苗木が一列に植わっている広い野原に到着した。管理人が手をふって監視小屋から出てくると、どこからか真っ黒い犬が数匹、しっぽを振りながら集まってきた。台湾の田舎では、縄文犬そっくりの体型と目をしたタイワンイヌが、風景にのどかさと愛嬌《あいきょう》を与えてくれる。

「この実験地は三百ヘクタールほど広さがあります」

丁教授は、あれがマホガニー、こっちがタイワンケヤキ、そっちがシタンの苗だと説明してくれる。私には見分けがつかないが、どれもあかね色の太陽の残照を浴びて、

上：二峰圳の素晴らしさを次世代に伝えたいと語る丁澈士教授
下：見学者に二峰圳の説明を熱心に行う教授

すっくと天を向いて育っている。

「二酸化炭素を減らすために苗木を植えたのです」

小石が埋まったような大地に、十メートル四方の穴が掘られていた。

「林辺渓から引き込んだ水を溜める人工池です」

ここに水を溜めておくとじょじょに大地へ浸透して地下水となり、地盤沈下が収まる仕組みだ。実験地には灌漑のための導水管を蛇行させて埋設し、溜まった地下水を苗木にやり、育ち方を観察していた。それが二〇二〇年の現在では数メートルの高さに育ち、大武山系からの風が梢をゆらしてフィトンチッドをふりまいている。

これだけではない、屏東県では水利署の補助を受けて信平がその昔に拓いた農場の有効利用を始めた。人工涵養によってみごとな森林や果樹園を広げ、観光農園として一般に開放する計画もあるそうだ。

お隣の高雄県との県境を流れる高屏渓《こうへいけい》（註・戦前の呼び名は下淡水渓《しもたんすいけい》）の支流や中部の大甲渓では、水利局が取水堰を造り、表流水と伏流水を取り入れる工事が始まっている。さらに、高屏渓の上流の老濃渓《ろうのうけい》でも、取水堰の計画が進行中だ。

台湾で高屏渓と言えば、川の浄化作戦の成功例として知られている。以前は養豚場や養鴨場からの汚水や生活排水、工業用水で汚れてしまった川に対し、二〇〇〇年に政権を執った民進党政府が決断して、六十四億元（約二百二十億円）を投入して養豚場や工場を移転させ、農民には補償金を払った。また高雄と屏東の両県民が協力して、両岸のゴミの清掃や環境教育の普及に努め、清流を取り戻すために市民運動が展開されたのである。引き続き屏東県では、養豚場からの汚水で汚れた武洛《ぶらく》渓の浄化に取り組んでいる。

「こうした環境運動の大きな力になるのは、愛郷心が基本となった住民の熱意です。自分たちの住む地域から始めたささやかな活動でも、地球全体の環境を考えながら行えば、もっと世の中は住みやすくなります」

こう話した曹県長自身、林辺渓の流域の小さな町に生まれ、洪水と干ばつの被害にさらされてきた。地盤沈下によって自然やコミュニティーが崩壊する様子にも心を痛めてきた。どうしたら農民の苦労を軽減できるのか？　洪水や地盤沈下などの人災を止められるのか？

「若い頃からそのことばかり考えていました。環境破壊が大きな問題になった二十年ほど前、二峰圳を再認識したのです。信平の発想は現代にきっと活かせる、活かさなければならない、と思っていたところ丁教授に出会い、それが学術的に可能であると知ったのです」

曹県長は、地球村の一員としての自覚と行動が、地球温暖化にも歯止めをかけ、干ばつや洪水から農民を守ると力説した。中学校の教諭から転身して行政マンとなった彼が、豊かな山河と治水整備のために多くの情熱を費やしていた。その後二〇一四年に知事を辞した曹氏だがこのような言葉を残した。

「二峰圳は南台湾の宝です。今後も大切に使い続けていってもらいたい」

戦前、台湾にあった製糖会社は、敗戦にともなってすべての資産と施設を放棄し、中国からやってきた国民党政権に接収された。思えば、日清戦争（一八九四〜一八九五年）の結果誕生し、日露戦争（一九〇四〜一九〇五年）と第一次世界大戦（一九一四〜一九一八年）で基礎が固まって発展した製糖事業は、太平洋戦争（一九四一〜一九四五年）の敗戦とともに国民党政府に受け継がれ、一九八〇年代に幕を閉じたのだった。しかし、八十数年前に日本の民間会社がつくりだした〝水の奇跡〟は南台湾に根づいて人々の生活を支えている。第一章でも紹介したとおり、地元の熱意が実り、二〇〇七年、行政院の文建委員会は、二峰圳の集水廊道から分水工までの区間を、風景文化資産に認定した。そこに台湾と日本を結ぶ未来志向の水の絆を感じる。

終章

南の果てのときめき

複雑な歴史と愛郷心

台湾は、多民族社会であり、はるか昔からこの島に住みついた原住民を別にすれば、中国大陸からわたってきた移民が拓いた国である。歴史家の簡桐仁《かんとうじん》氏が自著の中で「台湾就像一塊海綿・台湾はあたかも一個の海綿のよう」（『屏東平原先人的開発』より）と紹介するように、南島語族の原住民　オランダ人、対岸の福建省や広東省から移ってきた福佬人や客家人、日本人、そして戦後の中国人の多様な文化を受容してきた。文化も宗教も風習も政治信条、歴史観も異なる人々が、混然となって暮らしている。

日本は、一九四五年八月十五日にポツダム宣言を受諾して連合国軍に無条件降伏をし、一九五一年のサンフランシスコ講和条約で台湾における一切の権限と権益を放棄した。台湾で、三代、四代と暮らしていた約四十八万人の日本人（民間人約三十二万二千人、軍人、軍属十五万八千人）のほとんどは、一九四六年四月までに日本へ引き揚げた。まるで潮が一気に引くかのように……。

共産党との内戦に敗れて台湾へ逃げ込んできた蒋介石政権は、一九四九年から戒厳《かいげん》令《れい》を宣布して過酷な恐怖政治を行った。そのため日本人社会と深いつながりのあった台湾人のほとんどが、白色テロの被害にあわぬよう、日本時代の写真や関係資料を焼却処分してしまった。一九八七年の戒厳令解除まで言論弾圧が続き、学校教育の場では、日本統治時代の影の部分を強調する反日教育が行われてきた。その間、戦前生まれの台湾人は、日本統治時代の光の部分を大ぴらに語ることを固く慎み、子供時代に習いおぼえた日本語や懐しい思い出を心の支えに歳月を重ねてきたのである。

一九九四年に、台湾人である李登輝《りとうき》総統が再選されて民主化が進むと、台湾の歴史を中学校から教えるプログラムが本格的に始まった。こうして子供たちにも台湾の歴史を勉強する機会が与えられ、ようやくお年寄りたちは、自分たちの体験に基づいて戦前の思い出を堂々と語れるようになった。

現在、日本語をほとんど理解できぬ戦後世代が、社会のリーダーとなっている。彼らは学生時代、台湾の歴史を習う機会がなかったし、日本統治時代を否定する教育を受けてきた。その一方、彼らは家庭に帰れば、親の体験談として学校の授業とはおよそ反対のことを聞かされることが多かった。一九五六年生まれの丁教授はこう話す。
「僕らは戦前の日本時代を否定する教育を受けてきたけれど、海外留学をしたり本を読んだりすれば、冷静な目で歴史を眺められるようになります。日本時代から何を学ぶべきか？　も自ずとわかります」

こうした複雑な台湾の近現代史に思いをはせると、二峰圳が風景文化遺産に指定されたことがとても重みをもつのである。国民党時代に植民地帝国主義の手先といわれていた製糖会社が造った民間施設が民主化後に見直され、日本人技師が顕彰されているのだ。八十数年前の、日本統治時代のすぐれた智慧を台湾の未来、ひいては地球の未来に活かそうとする台湾の同世代の努力と熱意が、無性に嬉しい。

丁教授は週末に時間を作っては、愛車に手製のパネルを積み込んで林辺渓へ出かける。川原や近くの森林公園でバーベキューをする若者グループに出会うと気軽に声をかけ、車のトランクからパネルを取り出して風景文化遺産に指定された二峰圳について説明を始める。

丁教授の巧みな話術と熱心さにいつしか魅かれて聴き入る若者たち。彼をこれほどまでに突き動かしているものは、公共財の水を守ろうとする使命感、温暖化や渇水による砂漠化が進む地球へのいたわり、そして何よりも親の世代から受け継いだ台湾を愛する心なのではないだろうか。

市民が生んだワンダー・ランド

お隣の高雄県美濃鎮を取材したときも感じたのだが、スロー・ライフに憧れ、ふるさとの活性化に役立とうとUターンする若者たちが台湾でも増えている。彼らは、都会の大学を卒業してからふるさとへ戻り、専門性の高いバイオテクノロジーや環境学の知識を生かして農業に参入。有機農法などで商品の付加価値をあげる現代的な経営を目指している。こうした潮流は、屏東県でも少しずつ起きていた。農林漁業の従事者が年々減って、全県人口の約十六パーセント（二〇一八年・県政府統計）になった屏東県にとっては、歓迎すべき動きではないか。

私が二〇〇七年の春に屏東県に滞在して以来、何度も訪れている場所がある。それは、屏東市郊外の鱗洛郷《リンロー》にある『田心生態教育園《でんしんせいたい》』という自然観察園だ。園内には古材を再利用したクラブハウスが建ち、その向こうには緑陰に囲まれた池が広がっている。池の水面をのぞくと、コイ、草魚、メダカなどが泳ぎ、トンボが舞っている。黄色い花をつけた台湾萍蓬草《へいほうそう》や小さな白い花をつけた水セリ、三角草などが愛らしい。

土、樹木、草花の匂いが満ちて、やわらかな風と木漏れ日が実に心地よいポケットパークだ。市内から車で十五分ほどのところにこんな隠れ家風の庭園がある。初めて来た時、感動した。

約千五百坪の荒れ果てたままの農地を「無限の富を貯えた宝庫」に変えたのは、ふるさと屏東を愛する四人の若者だった。彼らは、環境デザイン会社をつくって自治体や一般民家の庭園設計の仕事をしながら、自然観察を行う教育の場として、癒しの場として、この『田心生態教育園』を運営している。庭園のデザインを担当したのは呉《ご》宗憲《そうけん》さん。国立台湾大学の大学院を卒業した後、ドイツ、日本、中国大陸で環境学の見聞を広めてきた彼は、緑豊かな故郷の素晴らしさを再認識した。

帰郷後の二〇〇一年、呉さんはいとこが所有する鱗洛郷の農地を提供してもらい、三年かけて整地に取り組んだ。途中から、母校の屏東科技大学で研究助手を務めていた林穎明《りんえいめい》さんと林俊豪《りんしゅんごう》さんが、続いて呉さんの同級生で高雄の大学を卒業した宗永吉《そうえいきち》さんが加わった。池を掘り、地面に高低差をつけ、植物を植え、倒木を配し、この一帯を流れる地下水やわき水を利用して循環給水している。周囲の畑から農薬が風で舞いこまぬようにと防風林も植えた。いまでは付近の農家が低農薬農法に改め、生態園を支援してくれるまでになっている。

屏東市の郊外隣洛郷にある自然観察庭園の「田心生態園」。
人間の力で自然が還ってきたよい例だ。下は入り口

環境さえ人間が整えてあげれば、「あらゆる生物は必ず戻ってくる」と、自然界の復元力を強調する林穎明さん。台風で倒れた木もそのままの園内では、二十種の鳥類、十二種のトンボ、ホタルなどの水棲昆虫、四種類のカエルなどを観察できるという。埋め立て地だった東京都の都立野鳥公園、荒れ地だったニューヨークのセントラルパーク、ゴミ置き場だったブルックリン植物園と同じように、『田心生態教育園』は人間が環境を整えたおかげで、多くの生命を呼び戻した好例だ。

二〇〇四年の開園以来、地道な活動が実って市民や県外の観光客にも知られ、さまざまのガイドブックにも紹介されてきた。来園者はクラブハウスでミント・ティーなどを注文もできるし、ゲストハウスで宿泊もできる。二〇一六年に私も二泊してみたが、木造のロッジ風の宿泊棟にはテレビやスマホ用充電器もなく、大きな窓からは四方の緑や月影がよく見えるよう工夫されていた。広い庭園にはさまざまの植物が生い茂り、伏流水を引き込んだ池にはさまざまの生き物が暮らしている。池のほとりにはていねいな説明板があり、鱗洛郷の生態系が手に取るようにわかった。また、朝と夜には、自家菜園で採れたオーガニック食材を中心としたすこぶる健康的な食べ物が食卓に並んだ。彼らの活動を支えているのは、ふるさとを知りつくしてこその愛郷心である。そう、世界各国の美しい風景はどれも愛郷心のたまものだ。極上の風景とは、長い時間をかけて磨き上げてきたものだ。

以前、講演のために北海道の釧路を訪れ、ラムサール条約で保全されている釧路湿原や阿寒湖一帯を車でまわったことがある。注意深く保護された北の大地には、多くの生命の鼓動があふれていた。屏東県の恒春半島で目にしたある光景を思い出さずにはいられなかった。それは、墾丁国家公園に取り囲まれるように立つ第三原子力発電所の足もとに広がる南湾である。透明度の高い海には、チョウチョウウオやクマノミ、コバルトスズメが泳ぎまわり、波打ち際では家族連れの観光客がくったくなく遊んでいた。原発から出る温排水は沖合のはるか彼方まで運んで処理をしているため、付近は「自然のまま」に生態が保たれ、千十五種類ものサンゴ礁魚類、珍しい貝類、海藻類、ヒトデ、ナマコなどの棘皮《きょくひ》動物、シャコ、エビなどの節足動物が、確認されている。

本来は矛盾し対立する「自然」と「テクノロジー」。そして人間を含むすべての「生命」。この三つが調和し共存するために、人間はさらに智慧を絞り、自然界のセンス・オブ・ワンダーに学ぶべきだ。ワーズワースの『発想の転換をこそ』の一節は、そのことを説いている。

自然は、人間の精神と心象を浄《きよ》める
無限の富を貯《たくわ》えた宝庫なのだ
その健康な姿を通して、知恵が脈々と迸《ほとばし》り出
その快活な姿を通して、真理が脈々と迸り出てくる
(平井正穂訳『イギリス名詩選』岩波書店)

ときめきを未来へ

二〇〇八年十一月に曹啓鴻県長と会ったとき、彼は嬉しそうにこう話した。不便で遠い南の最果て……という屏東県に対する世間一般のイメージが、台湾国内でがらりと変わったのは、二〇〇八年の夏からだろう。県内の恒春半島が、社会現象にまでなった大ヒット映画『海角七号《かいかくななごう》』(註・『セデック・バレ』、『KANO』で知られる魏徳聖《ぎとくせい》監督の第一作目の長編)のロケ地となり、全国的な注目を集めたのである。

この映画は、庶民的で肩の凝らぬ内容ながら、民族も文化も多様な台湾社会をみごとに映し出している。標準中国語以外の言語(註・福佬語、客家語、原住民語、日本

『海角七号』以来、ヒット作を連発する魏徳聖監督

語）が全編の半分以上を占め、メインキャストに外省人（註・戦後、中国大陸から移民してきた中国人）らしき人物はひとりも登場しない。音楽を通し、地元民が力を合わせてひとつになるストーリーに華を添えるのが、日台をまたぐ新旧ふたつの恋である。

二〇〇八年の夏に公開されるや三か月半で五億元（約十五億円）の興行収入を稼ぎだし、それまで上位を独占していたハリウッドの娯楽大作の記録を次々に抜きさった。さらに、香港、シンガポール、中国では、芸術性は高いが商業的にはヒットが難しいと言われた台湾映画のイメージをくつがえして、観客を集めた。

『海角七号』は、二〇〇八年九月に千葉県

幕張《まくはり》で開催された「アジア海洋映画祭」のグランプリを獲得したほか、台湾版のアカデミー賞と言われる「金馬奨《きんばしょう》」の六部門で受賞した。DVDや映画音楽のCD、映画に登場する小米酒やアクセサリーなどの関連商品の売り上げはもちろん、ロケ地となった恒春半島には、映画の世界を再現したロケ地巡りの観光バスが走り回り、夏休み以外はがらんとして風のふきすさぶ音しか聞こえなかった名勝地にも、続々とカップルや家族連れが訪れるようになったのである。(屏東県を「不便」、「遠い」と評した台北の友人らも、ブームに乗って訪れていた!) それればかりか半島部分の不動産まで一時的に値上がりした。

ロハスな地下ダム二峰圳は、かつてのロケ地恒春からそれほど遠くない林辺渓にあり、このあたり一帯は、清流と森林浴が楽しめるハイキングコースとして知られている。

二〇一四年からは潘孟安《はんもうあん》県長のもと、屏東県は地域再開発を進め、魅力的な街づくりを進めている。二〇一九年には天灯祭りや花火大会など全国規模のイベントを次々に成功させ、「超南・スーパーサウス」の実力を発揮した。それに伴い、いつでも高鉄の延伸が受け入れられるよう新しく駅舎も完成、市の中心部には高級ホテルが出現。日本統治時代に陸軍航空隊が使っていた日本式家屋はリノベーションされて、ブティックやカフェに生まれ変わり、若者を魅了する一帯になった。そう、南の果てはときめいているのだ。

とはいえ、屏東県の宝物は住民たちが大切に守ってきた超天然色の自然だ。

林後森林公園に設置された堰のかたわらに立つ丁澈士教授

自分が生まれ育った土地の生活や自然に対して尊敬の念や愛情が生まれれば、それは地球全体を愛おしむ気持ちにつながっていく。序章でも述べたように、地球環境の激変によって水資源の枯渇や温暖化をはじめ、人類は未曾有の危機に直面している。国境を越えて智慧を出し合い、力を合わせ、ひとりひとりが積極的な行動と努力を続けないと、かけがえのない〝水の惑星〟を未来の子供たちにバトンタッチできなくなるだろう。台湾と日本の双方が智慧を出し合って目指すべきことは、健全で恵み豊かな環境が、生活の場から地球全体にわたって保全されるよう、次の世代に水の恩恵を確実に手渡すことだ。そうすることで、水を大切に育んできた先人に恩返しができるし、何よりもこの地球の明日がよりよいものになると、私は信じている。

あとがき

本書は、二〇〇九年に上梓した単行本『水の奇跡を呼んだ男　日本初の環境型ダムを台湾につくった鳥居信平』（産経新聞出版刊）に加筆し、文庫化したものである。台湾屏東県で、県長の曽啓鴻氏から初めて「鳥居信平」の名前を聞かされてから、すでに十三年が経った。当時はその名前をネット検索してもほとんど情報が出てこなかったが、現在は一万件以上のＵＲＬが表記される。十余年の歳月の中で、関係者や関係団体が、信平の業績を知らせる努力を続けた成果の表れと思っている。また、二〇一一（平成二十三）年度の、（社）農業農村工学会著作賞を『水の軌跡を呼んだ男』が受賞できたのも、多くの方のご尽力のお陰と感謝をしている。

約百年前に生まれた二峰圳は、現在でも屏東平原に広がる農地や植林場を潤し、多くの住民に恩恵を与えていることは本書で記したとおりだ。二峰圳を現代によみがえらせた立役者の、国立屏東科技大学土木行程科の丁澈士《ていてつし》教授は、日本統治時代の水利技術や「二峰圳」の紹介にとどまらず、鳥居信平が工夫した伏流水による灌漑施設の発想をさらに大きく進化させて、台湾南部の水不足や地盤沈下解消のプロジェクトを次々手がけておられる。

また、屏東県政府は、「二峰圳」のある林辺渓や「力里渓水圳」のある春日郷一帯に遊歩道や案内板を整備し、誰もが散策をしながら先人の遺業に触れられる環境を整えた。二〇一四年には、県内の潮州郷に地下ダムの構造をわかりやすく説明する展示を設けた「林後四林公園」を開園し、信平の胸像も新たに設置。水をめぐる環境教育に力を入れている。こうした地元の取り組みは、日本人にとっても大変に有り難い。

日本側も、水の絆を深めるに当たり努力を始めた。信平の孫にあたる鳥居徹東京大学教授は、御尊父の鉄也氏が亡くなった後足繁く台湾へ通い、国立屏東科技大学などと学術交流をはかっておられるし、信平の出身地である静岡県袋井市は、原田英之市長のもと、二〇〇九年に、台湾から寄贈された信平の胸像を市民ホール「月見の里」に設置、「台湾製糖株式会社」の初代社長を務めた森町出身の鈴木藤三郎とともに、郷土が生んだ偉人のひとりとしてその業績を顕彰し続けている。そうしたご縁もあってか、二〇一二年にはＮＰＯ法人の静岡災害支援隊が屏東県消防局と災害時応援協定を結んだ。

こうした多くの方々の努力に加え、二〇一一年に起きた東日本大震災の被害に対し、台湾から多くの義援金と温かな支援が寄せられたこと、私たち日本人がもっと台湾を知りたいと思うようになったことも影響しているのではないだろうか。実際、二〇一九年度に台湾を訪れた日本人観光客は二百万人を突破。相互の交流人口は七百万にも及んでいる。

鳥居信平が一九二三（大正十二）年に造った地下ダム「二峰圳」がある屏東県まで足を伸ばす旅行者はまだごく一部だが、少しずつ鳥居信平の功績が広まり、現地への訪問者が増えつつあることを著者として嬉しく思う。

約百年前に台湾の荒れ地に立ち、緑の農地に変えることを誓い、水の恩恵を日台双方でわかちあうために艱難辛苦の工事をやり通した鳥居信平。その姿は、烏山頭ダムを造った土木技師の八田與一をはじめ、日本統治時代に台湾各地で活躍した多くの技術者と似ている。彼らの無私無欲の大志、現地の人々の生活や衛生、環境への深い心配りは、二〇一九年に志半ばでテロの凶弾に倒れた「ペシャワール会」の中村哲医師の姿とどこか重なる。遙か昔から現在に至るまで、人がやりたがらぬ難事業にあえて挑戦した先人たちの、あとに続く若者が、ひとりでも多く生まれることを願ってやまない。

取材と執筆にあたっては、台湾と日本の双方から多くのご厚意とご教示を頂いた。とりわけ四十年近くも二峰圳の調査研究を続けておられる国立屏東科技大学土木行程系の丁澈士教授に心より感謝をしたい。今回のテーマは、正直言って文系の頭には難解だったが、ご指導を頂いたおかげで取材、執筆を無事に終えることができた。
また、日台交流に情熱を注ぐ頼玲玲さんの、熱き心と行動力もこの本にはなくてはならぬものだった。高須俊行元東京農業大学教授、山本光男元明治大学教授、肥田登秋田大学名誉教授、「農村環境整備センター」の富田友幸さん、戦前の『台湾製糖』に関しては筧干城夫氏のご子息筧秀夫さん、屏東市在住の元社員、鍾勳興さんら、多くの皆様からご教示を頂戴した。ありがとうございました。さらに鳥居信平のご子息にあたる鉄也さん、次女にあたる貝島峰子さん、故鳥居鉄也夫人の矩子さん、お孫さんにあたる徹さんのご協力がなければ、素顔の鳥居信平を皆様にお伝えすることはできなかった。この場を拝借して御礼申し上げる。と同時に、単行本と胸像の完成を待たずに、二〇〇八年十月に旅立たれた鳥居鉄也先生のご冥福を改めてお祈りしたい。

水の奇跡を起こした鳥居信平をめぐる私の旅は、台湾の主役である農民たちの〝飲水思源〟の思いや台湾と日本の水の絆を感じながらの日々だった。日本と台湾の両国の先人が一世紀以上も前から営々と築いてきた水の絆。それは、ともに美しい自然と豊かな水資源に恵まれた国に生まれ育った者が、自分たちのふるさとを、大自然の恵みを、この地球を、末永く大切にしていきたいと願う心の交流そのものである。

読者のみなさまもぜひ、信平の地下ダムが待つ屏東県の来義郷と春日郷、そして静岡県袋井市へお出かけください。

平野久美子

二〇二〇年二月

鳥居信平関連年表

年代	本文関連事項（鳥居信平と製糖事業と二峰圳）	主な出来事
一八八三（明治一六）年	・一月、静岡県周智郡上山梨村にて、鳥居鉄次郎、たのの三男として鳥居信平誕生	・鹿鳴館落成 ・日本で天気予報が始まる
一八八六（明治一九）年	・二月、石川県河北郡今町村にて、八田四郎兵衛、さとの五男として八田與一誕生	・イギリスがビルマを占領 ・日本で自由民権運動が盛んになる
一八九五（明治二八）年	・日本初の本格的製糖事業を行う「日本精製糖」株式会社が設立された	・日清講和条約締結。台湾が日本領となる
一八九六（明治二九）年	・スコットランド人技師のバートンが総督府顧問技師に。弟子の浜野彌四郎とともに渡台。上下水道の普及に貢献	・台北の芝山巌で、六士先生が殉職
一八九八（明治三一）年	・鈴木藤三郎発明の気液速熱罐が特許を取得	・第四代台湾総督として児玉源太郎と民政局長後藤新平が台湾に着任
一九〇〇（明治三三）年	・信平、静岡県立静岡中学校卒業、金沢の旧制第四高等学校入学 ・「台湾製糖」株式会社創立。鈴木藤三郎、社長に就任	・北京で義和団事件が起こる（一八九九年）

一九〇一（明治三四）年	・新渡戸稲造博士が台湾総督府に「糖業改良意見書」を提出 ・「台湾製糖」、第一工場を橋仔頭に開設決定 ・山本悌二郎、橋仔頭製糖所の支配人として着任	・花蓮港が支庁に昇格
一九〇四（明治三七）年		・日露戦争勃発
一九〇八（明治四一）年	・信平、東京帝国大学農科大学を卒業し、農商務省勤務	・台湾縦貫鉄道が開通
一九〇九（明治四二）年	・台湾総督府、林辺渓一帯の調査を始める ・信平、山西省農林学堂に招聘される（一九一一年帰国）	・台北水道、給水開始
一九一〇（明治四三）年	・八田與一、東京帝国大学土木工学科卒業、台湾総督府土木局に勤務のため渡台	
一九一二（明治四五）年	・信平、徳島県の技師となる ・台湾総督府、林辺渓下流に洪水防止の石堤を建設 ・大型の台風が台湾を襲い、糖業も大打撃を受ける	・明治天皇崩御
一九一三（大正二）年	・初代社長鈴木藤三郎死去	

一九一四（大正三）年	・信平一行が渡台し、「台湾製糖」農事部に就職 ・八田與一は総督府土木技師を拝命 ・総督府、屏東の「昌基堤防」の補修工事を完成させる	・台湾全島に、公学校が設置される
一九一五（大正四）年	・五月、信平の長女すみ江誕生	・台南で西来庵事件起きる
一九一八（大正七）年～	・信平、仏印、オランダ領ジャワ、英領ビルマなどの水利施設を視察 ・五月、信平の長男鉄也誕生	・第七代総督明石元二郎着任 ・台湾教育令が公布される ・第一次世界大戦終息
一九一九（大正八）年	・林辺渓右岸二〇〇〇ヘクタールの水利開発基本計画を立てる	
一九二〇（大正九）年	・「台湾製糖」、本社を屏東に移転 ・「台湾製糖」、合計二〇〇〇ヘクタールに及ぶ荒蕪地を開墾することを決定。一二月、灌漑水利開発測量設計に着手	
一九二一（大正一〇）年	・一月、潮州郡守らと台湾製糖一行が、原住民頭目五〇余名と会見。工事への協力について誓約に至る ・六月一五日より地下堰堤の建設に着手 ・一一月、信平の次女峰子誕生	・中国共産党成立

一九二二（大正一一）年	・三月、「二峰圳灌漑工事設計概要」を作製 ・六月、水源導水路完成、通水試験実施 ・平和記念東京博覧会にて、「台湾製糖」の土地改良事業が金牌を受賞 ・烏山頭ダムの起工式行われる。八田與一、これより烏山頭に転居する	・改正台湾教育令が公布 ・磯永吉博士の指導で内地種米（後の蓬莱米）栽培始まる
一九二三（大正一二）年	・五月、地下堰堤の第二期工事完工 ・導水路三四三六メートル完工 地下堰堤「二峰圳」完成、萬隆農場開設。約六〇〇人の入植者が生活を始める ・烏山頭ダムの工事が一時中断 ・九月、力里渓の伏流水を利用した灌漑工事に着手	・関東大震災発生 ・皇太子裕仁が台湾行啓
一九二四（大正一三）年	・総督府、烏山頭ダムの完成予定時期を四年延長と発表、工事を再開	・第一〇代総督伊沢多喜男が内地米改良種に「蓬莱米」と命名
一九二六（大正一五）年	・一月、力力渓灌漑工事が完成、大响営農場の開設	・大正天皇崩御
一九二七（昭和二）年	・「台湾製糖」社長山本悌二郎が、田中義一内閣のもとで農林大臣に就任（一九三一年にも再任）	・第一一代総督上山満之進着任

一九二九～一九三〇（昭和四～五）年	・台湾の全砂糖生産高が年間八〇万トンを突破 ・台湾水利協会設立	・世界的な金融大恐慌が起きる（一九二九年～）
一九三〇（昭和五）年	・八田與一が烏山頭ダムと水路を完成させる ・「台湾製糖」の取締役に信平が就任。農事部長兼任	・霧社事件勃発 ・ロンドンで軍縮会議 ・日本、国際連盟を脱退（一九三三年）
一九三四（昭和九）年	・愛知県春日郡の内津川に、地下堰堤が完成	・台湾人初の貴族院議員誕生 ・日月潭発電所の工事が竣工
一九三六（昭和一一）年	・信平の論文「伏流水利用に依る荒蕪地開拓」に対し日本農学賞が授与される	・二・二六事件勃発
一九三七（昭和一二）年	・信平、常務取締役就任、研究部長兼任 台湾総督府府議会議員	・日中戦争勃発
一九三八（昭和一三）年	・信平、眼病を理由に取締役を勇退。帰京	
一九三九（昭和一四）年		・第二次世界大戦勃発
一九四〇（昭和一五）年	・特別参与として東京支社長を務める	・日独伊三国同盟
一九四一（昭和一六）年	・長男鉄也、東京帝国大学理学部へ入学 ・信平、「農地開発営団」副理事長に就任	・台湾教育令改正。小学校、公学校が一律国民学校に変わる ・太平洋戦争勃発

一九四二（昭和一七）年	・信平、各地の干拓事業に携わる ・五月、八田與一が東シナ海にて殉難死 ・二峰圳の集水暗渠を半円形型に整修	
一九四五（民国三四、昭和二〇）年	・五月、都内新宿区の信平の自宅が米軍空爆で全焼 ・六月、「台湾製糖」本社工場が米軍爆撃により全壊となる ・戦後「台湾製糖株式会社」は国民政府に接収される ・一二月、長男鉄也、海軍より復員し自宅へ戻る	・八月、日本は無条件降伏 ・一〇月、台湾省行政長官公署成立
一九四六（民国三五、昭和二一）年	・二月一五日、信平、脳溢血のため死去 ・八田夫婦の墓が烏山頭に建立される	・日本の民間人の引き揚げがほぼ完了
一九四七（民国三六）年		・台北で二・二八事件が起きる
一九四九（民国三七）年		・国民党政権が全土に戒厳令を宣布する
一九五一（昭和二六）年	・日本の南極観測が始まる。昭和基地建設 ・長男の鳥居鉄也が第一次観測隊に参加	・サンフランシスコ条約により日本は台湾を放棄
一九五二（民国四一）～一九五三（民国四二）年	・二峰圳の調査及び改良工事が行われる	

一九五五（民国四四）年	・台糖屏東総廠農場科が「萬隆二峰圳工程概要説明」を作る	・台湾総人口が一〇〇〇万人を突破
一九五六（民国四五、昭和三一）年	・日本が国際的な南極観測に参加。鳥居鉄也、第一次観測隊員に任命される	・台湾の東西を結ぶ横貫道路が開通
一九六一（昭和三六）年	・鳥居鉄也、第四次隊遭難事件の責任をとり千葉大学教授を辞任	
一九六五（昭和四〇）年	・鳥居鉄也ら、新鉱物「南極石」を発見	
一九七三（民国六二）年	・台糖、洪水により破損した二峰圳の修復工事を行う	・台湾のシリコンヴァレーを目指して新竹に科学工業地区開設
一九七五（民国六四）年		・蒋介石総統死去
一九七七（昭和五二）年	・一二月、信平の妻まさ死去	
一九七九（民国六八、昭和五四）年	・沖縄県宮古島に、初の本格的地下ダム「皆福ダム」が完成	・高雄市にて美麗島事件が起きる
一九八〇（民国六九）年～	・養魚場が急速に増え、雲林県、嘉義県、屏東県などで地盤沈下の被害が続出。以後、台湾で深刻な問題となる	・宜蘭県にて林義雄事件が起きる ・国際市場で砂糖の価格が暴落
一九八二（民国七一）年	・来義大橋完成	・墾丁（クンティン）一帯が初めての国家公園となる

一九八七（民国七六）年 〜	・二峰圳の修理工事	・世界最長の戒厳令がようやく解除 ・一九八八年　蒋経国死去，李登輝総統就任 ・一九九〇年　台湾三月学生運動が起きる ・一九九一年　動員懲治反乱条例を廃止 同年国民大会万年代表及び万年立法委員を解散
一九九三（民国八二、平成五）年〜 一九九七（民国八六、平成九）年	・台湾各地で地下水汚染の報告が相次ぐ ・丁教授らが地下堰堤内を調査	・日本の河川法改正、あわせて「環境影響評価法」公布 ・経済部中央地質調査所が伏流水を利用する経済価値を論文にまとめる ・一九九六年、台湾の国民党、一党独裁が崩壊 ・台湾の歴史を中学校で教え始める ・台湾の本土化志向が高まる
一九九九（民国八八）年	・「土壌及地下水汚染整治法」が台湾の立法	・台湾中部大地震（マグニチュ

	院を通過 ・橋頭製糖工場が製糖一世紀にわたる操業を終了	ード七・七）
二〇〇〇（民国八九）年		・総統選挙で民進党の陳水扁が当選
二〇〇一（民国九〇）年		・台湾がWTO加盟
二〇〇二（民国九一）年	・流石により二峰圳の上部破損。防御鋼板取り付け工事	
二〇〇三（平成一五）年	・日本はこの年より「自然再生推進法」施行 ・九月、長女すみ江死去	
二〇〇四（民国九二）年	・林辺渓人工湖設置工事工程計画書ができあがる	・中国のミサイル配備に台湾人が「人間の鎖」で抗議
二〇〇五（民国九四、平成一七）年	・喜楽発発吾森林公園に水源記念館開館。信平の孫の東大教授鳥居徹が来台	
二〇〇七（民国九六）年	・行政院文建委員会が二峰圳集水廊道を、風景文化遺産として保存することを決定 ・橋頭工場跡地に「製糖博物館」開館	
二〇〇八（民国九七、平成二〇）年	・一〇月、長男鉄也死去 ・一一月、袋井市議ら、有志が二峰圳を見学	・総統選挙にて国民党の馬英九が当選

二〇〇九（民国九八、平成二一）年	・鳥居信平の胸像が屏東県来義郷と静岡県袋井市に設置される ・八月八日に起きた「八・八大水害」により堰堤が埋没、進水塔も被害こうむる	
二〇一三（民国一〇二、平成二五）年	・来義郷二峰圳の文化景観保存計画が決まる	
二〇一四（民国一〇三、平成二六）年	・林後四林森林公園が潮州郷に開園。信平の胸像が園内に設置される	
二〇一七（民国一〇六、平成二九）年	・二峰圳の大改修工事完成 ・力里渓伏流水圳まわりの整備ならびに銅像設置	

主な参考書籍・資料一覧

＊『伏流水に依る荒蕪地開拓』鳥居信平　日本農学会第七回大会講演集抜刷＊『台湾製糖株式会社史』台湾製糖株式会社編・刊＊『台湾糖業を行く』藤井國武著　日本経済通信社＊『農事主任会議講演』台湾総督府民政部殖産局編＊『台湾糖業と糖業会社』小野文英著　東洋経済新報社＊『台湾糖業統計』第10、12、23巻　台湾総督府殖産局＊『台湾糖業全誌』台湾新聞社＊『嘉南大圳新設事業概要』嘉南大圳組合編・刊＊『台湾博覧会記』鹿又光雄　理想社＊『台湾土木事業調査報告書』東京帝国大学工科大学編　東京帝国大学出版＊『生蕃記』井上伊之介　警醒社書店＊『吾等の知れる後藤新平伯』三井邦太郎編　東洋協会＊『台湾総督府公文類纂目録』中央大学社会科学研究所編　ゆまに書房＊『近代日本糖業史』上・下巻　糖業協会編　勁草書房＊『土と人と砂糖の一生』上・下巻　筧干城夫著　さきたま出版会＊『森町が生んだ近代日本産業の先駆者　鈴木藤三郎』静岡県森町教育委員会＊『台湾の水利』台湾水利協会発行＊『農業土木遺産を訪ねて』（社）土地改良建設協会＊『水土を拓いた人びと』「水土を拓いた人びと」編集委員会（社）農業土木学会編　農文協＊『新渡戸稲造研究』（財）新渡戸基金＊『台湾を愛した日本人　八田與一の生涯』古川勝三著　青葉図書＊『台湾昔と今』松村源太郎　時事通信社＊『台湾人四百年史』史明著　鴻儒堂出版社＊『地球温暖化で何が起こるか』スティーヴン・シュナイダー著　田中正之訳　草思社＊『南極とともに―地球化学者として―』鳥居鉄也著　岩波出版サービスセンター＊『夢想之河・再現屏東平原水圳文化』屏東県政府＊『台湾的地下水』陳文福著　遠足文化＊『台湾的土壌』陳尊賢　許正一著　遠足文化＊『糖金時代　橋仔頭映像記憶』（社）高雄県橋仔頭文史協会編＊『Ruvaneyeav族家史・漂流両千年』江海著　屏東県立文化中心＊『屏東二峰圳與力里渓水圳』丁澈士、林思玲、盧恵敏、頼福林編撰　屏東県政府

新聞・雑誌

＊『台湾日日新報』『国民新聞』『大阪朝日新聞』＊『糖業』『糖業全誌』『新糖業読本』台湾糖業研究会

資料提供・取材協力

＊鳥居矩子＊鳥居徹＊貝島峰子＊筧秀夫＊近藤文男＊鈴木紀夫＊高須俊行＊地福進一＊富田友幸＊肥田登＊山本光男＊社団法人糖業協会＊社団法人土地改良建設協会＊財団法人農業農村工学会＊社団法人農村環境整備センター＊財団法人台湾協会＊静岡県袋井市＊愛知県豊田加茂農林水産事務所

＊二宮尊徳の会＊公益財団法人日本台湾交流協会高雄事務所＊丁澈士＊利純英＊沈鵬煌＊林思玲＊胡正雄＊陳明発＊唐嘉宏＊高武安＊曽英俊＊曹啓鴻＊張文芳＊蒋家煌＊頼玲玲＊藍照光＊鐘勳興＊国立屏東科技大学土木行程系＊屏東県政府＊来義郷公所＊台糖公司＊奇美文化基金会

装　幀　伏見さつき
DTP　佐藤敦子

本書は、初出となった「感動秘話　日本・台湾『水』の絆の物語」（二〇〇八年三月号『諸君！』文藝春秋刊）をもとに、大幅に加筆したものです。

単行本　平成二十一年六月「水の奇跡を呼んだ男」改題・改訂　産経新聞出版刊

産経NF文庫

台湾に水の奇跡を呼んだ男 鳥居信平

二〇二〇年三月二十二日 第一刷発行

著者 平野久美子

発行者 皆川豪志

発行・発売 株式会社 潮書房光人新社

〒100-8077 東京都千代田区大手町一-七-二

電話/〇三-六二八一-九八九一(代)

印刷・製本 凸版印刷株式会社

定価はカバーに表示してあります

乱丁・落丁のものはお取りかえ致します。本文は中性紙を使用

ISBN978-4-7698-7021-0 C0195

http://www.kojinsha.co.jp

産経NF文庫の既刊本

中国人の少数民族根絶計画　楊 海英

香港では習近平政権に対する大きな抗議活動が続き、「改造」政策に対する懸念が広がる。さらに内モンゴル、チベット、ウイグルへの中国の少数民族弾圧は凄まじさを呈している。内モンゴルに生まれ、中国籍を拒絶した文化人類学者が中国新植民地政策に対して警告する。

定価〈本体830円＋税〉　ISBN978-4-7698-7019-7

朝鮮大学校研究　産経新聞取材班

幼・保・高校無償化なんて、トンデモない！　金正恩の真意とは。もはや、わが子を通わせたくない――朝鮮大学校OB、総連関係者が赤裸々な心情を語る。今だから知りたい、在日コリアンのためは二の次、民族教育の皮を被った工作活動、日本を「敵」と呼ぶ教えとは。

定価〈本体800円＋税〉　ISBN978-4-7698-7018-0

来日外国人が驚いた 日本絶賛語録　村岡正明

ザビエルからライシャワーまで

日本人は昔から素晴らしかった！ザビエル、クラーク博士、ライシャワーら、そうそうたる顔ぶれが登場。彼らが来日して驚いたという日本の職人技、自然美、治安の良さ、和風の暮らしなど、文献をもとに紹介する。日本人の心を誇りと自信で満たす一〇二の歴史証言集。

定価〈本体760円＋税〉　ISBN978-4-7698-7013-5

産経NF文庫の既刊本

「令和」を生きる人に知ってほしい 日本の「戦後」
皿木喜久

なぜ平成の子供たちに知らせなかったのか……GHQの占領政策、東京裁判、「米国製」憲法、日米安保——これまで戦勝国による歴史観の押しつけから目をそむけてこなかったか。「敗戦国」のくびきから真に解き放たれるために「戦後」を清算、歴史的事実に真正面から向き合う。

定価〈本体790円+税〉 ISBN978-4-7698-7012-8

子供たちに伝えたい 日本の戦争 1894〜1945年
あのとき なぜ戦ったのか

皿木喜久

あなたは知っていますか?子や孫に教えられますか?日本が戦った本当の理由を。日清、日露、米英との戦い…日本は自国を守るために必死に戦った。自国を貶める史観を離れ、「日本の戦争」を真摯に、公平に見ることが大切です。本書はその一助になる〝教科書〟です。

定価〈本体810円+税〉 ISBN978-4-7698-7011-1

日本に自衛隊がいてよかった
自衛隊の東日本大震災

桜林美佐

誰かのために—平成23年3月11日、日本を襲った未曾有の大震災。被災地に入った著者が見たものは、甚大な被害の模様とすべてをなげうって救助活動にあたる自衛隊員の姿だった。自分たちでなんでもこなす頼もしい集団の闘いの記録、みんな泣いた自衛隊ノンフィクション。

定価〈本体760円+税〉 ISBN978-4-7698-7009-8

産経NF文庫の既刊本

中国人が死んでも認めない 捏造だらけの中国史
黄 文雄

真実を知れば、日本人はもう騙されない！中国の歴史とは巨大な嘘！中華文明の歴史が嘘をつくり、その嘘がまた歴史をつくる無限のループこそが、中国の主張する「中国史の正体」なのである。だから、一つ嘘を認めれば、歴史を誇る「中国」は足もとから崩れることになる。

定価〈本体800円＋税〉 ISBN978-4-7698-7007-4

日本が戦ってくれて感謝しています2 あの戦争で日本人が尊敬された理由
井上和彦

第1次大戦、戦勝100年「マルタ」における日英同盟を序章に、読者から要望が押し寄せたインドネシア――あの戦争の大義そのものを3章にわたって収録。日本人は、なぜ熱狂的に迎えられたか。歴史認識を辿る旅の完結編。15万部突破ベストセラー文庫化第2弾。

定価〈本体820円＋税〉 ISBN978-4-7698-7002-9

日本が戦ってくれて感謝しています アジアが賞賛する日本とあの戦争
井上和彦

インド、マレーシア、フィリピン、パラオ、台湾……日本軍は、私たちの祖先は激戦の中で何を残したか。金田一春彦氏が生前に感激して絶賛した「歴史認識」を辿る旅――涙が止まらない！感涙の声が続々と寄せられた15万部突破のベストセラーがついに文庫化。

定価〈本体860円＋税〉 ISBN978-4-7698-7001-2